Doris Schilly

Mitten unter uns
Jüdisches Leben in Mönchengladbach

Torarolle mit goldbesticktem Samtumhang und silbernen Kronen (Rimmonim), fotografiert von Paul Heinen, 1989.
Quelle: Stadtarchiv MG 10/40539.

Sutton Verlag

Doris Schilly

Mitten unter uns

Jüdisches Leben in Mönchengladbach

Die Autorin

Doris Schilly, geb. Sigmund, kam am 6. August 1959 in Mönchengladbach zur Welt. Sie absolvierte eine journalistische Ausbildung bei der „Westdeutschen Zeitung" und studierte Geschichte an der Heinrich-Heine-Universität Düsseldorf. Als Historikerin wirkte sie mit an wissenschaftlichen Buchpublikationen und war freie Lektorin einer zeitgeschichtlichen Buchreihe. Sie leitete die Redaktion einer Fachzeitschrift und arbeitet heute als freie Journalistin. Im Oktober 2004 erschien ihr erstes Buch „Mönchengladbacher Zeitgeschichte(n)" im Sutton Verlag mit großem Erfolg und schnell in 3. Auflage.
Doris Schilly ist verheiratet und hat zwei Töchter.

Sponsor dieses Buches ist die Gesellschaft für Christlich-Jüdische Zusammenarbeit.

Gesellschaft für **CHRISTLICH-JÜDISCHE** Zusammenarbeit
Mönchengladbach e.V.
Geschäftsstelle: Margarethenstr. 20 • 41061 Mönchengladbach
Fon: 02161 | 2477462 • Fax: 02161 | 2479867

Impressum

Sutton Verlag GmbH
Hochheimer Straße 59
99094 Erfurt
www.suttonverlag.de

Copyright © Sutton Verlag, 2006
ISBN-10: 3-89702-984-7 | ISBN-13: 978-3-89702-984-2
Druck: Oaklands Book Services Ltd., Stonehouse | GL, England

Inhaltsverzeichnis

Bildnachweis   6

Dank   6

Vorwort   7

Die Zeitzeugen   9

1. Kindheit, Familie, jüdisches Leben   17

2. Schulzeit   41

3. Das „Dritte Reich"   51

4. Überleben in der NS-Zeit: versteckt, ausgewandert, deportiert   65

5. Ein neues Kapitel   109

Bildnachweis

Falls nicht anders angegeben, stammen die verwendeten Bildvorlagen aus den Privatarchiven der Zeitzeugen bzw. der Autorin.

Das große Titelfoto zeigt Mönchengladbacher Teilnehmer des Makkabi-Sportfestes in Köln, Mai 1936. Von links: Kurt und Heinz Falkenstein, ein Frankfurter Teilnehmer, Sally Rose, Boxer und Torwart der Makkabi-Fußballmannschaft, sowie Erich Meyer. Quelle: Stadtarchiv Mönchengladbach 10/39802.
    Unten links: Blick ins Stofflager der Firma Weinberg & Co., deren Teilhaber Eduard Salmon (rechts) war. Mitte: Jüdische Flüchtlinge an Bord der „St. Louis" 1939. Quelle: bpk Berlin
    Rechts: Die fünf Brüder Mayer aus Mönchengladbach, von links stehend, dann im Uhrzeigersinn: Hermann, Josef, Max, Fritz und Theo.

Sonstige Quellen:
Bildarchiv Preußischer Kulturbesitz Berlin (bpk Berlin); Insel Verlag, Frankfurt; Stadt Mönchengladbach; Stadtarchiv Mönchengladbach; United States Holocaust Memorial Museum (Ushmm), Washington DC/USA; Yad Vashem Gedenkstätte der Märtyrer und Helden des Staates Israel im Holocaust, Jerusalem/Israel

Dank

Allen meinen Zeitzeugen sei Dank gesagt für ihre intensive Mitarbeit und das mir entgegengebrachte Vertrauen beim Erzählen ihrer Lebensgeschichte und Überlassen persönlicher Fotos und Dokumente.
    Für die finanzielle und ideelle Förderung meines Buchprojektes danke ich der Gesellschaft für Christlich-Jüdische Zusammenarbeit, vor allem Horst Artur Keßeler (†) und Dr. Claus-Dieter Clausen.
    Der Frankfurter Insel Verlag gestattete mir, im Folgenden aus dem 2003 erschienenen Buch „Hans Jonas Erinnerungen" zu zitieren – auch dafür danke ich. Ebenso dem Stadtarchiv Mönchengladbach, insbesondere Herrn Gerd Lamers.
    Äußerst dankbar bin ich dem Sutton Verlag und meiner immer freundlichen Lektorin Julia Ströbel für die Realisierung meiner Buchidee.
    Erwähnen will ich an dieser Stelle auch den verstorbenen Dr. Günter Erckens, dessen grundlegendes Werk „Juden in Mönchengladbach" mir beim Nachschlagen von Informationen eine wichtige Quelle war.
    Während der anderthalbjährigen Entstehungszeit des Buches gab Hans-Georg Hollweg mir immer wieder wertvolle Hilfen und Hinweise zum Thema. Dankeschön!
    Ohne die wohlwollende Unterstützung meiner Familie hätte dieses Buch nicht entstehen können. Ganz besonders möchte ich mich bei meinem Mann Wolfgang für die ständige technische Betreuung des Projektes und das sorgfältige Bearbeiten sämtlicher Bildvorlagen bedanken. Meine Töchter Isabel und Rebecca zeigten sehr viel Geduld und freuten sich mit mir, dass „das Buch" nun bald fertig sein würde.

Vorwort

Historische Themen haben Hochkonjunktur. Sie beschäftigen uns im Fernsehen, in Ausstellungen und in Buchform. Informationen über historische Ereignisse zu sammeln, ist heute darüber hinaus ganz einfach. Im Internet-Zeitalter genügen ein paar Mausklicks und wir wissen wieder mehr. Als Historikerin freue ich mich über so viele verfügbare Datenmengen und so viel Transparenz, frage mich aber auch, wo die Menschen hinter den Daten stecken, aus deren erlebten Geschichten sich „die" Geschichte zusammensetzt. Was im Geschichtsbuch steht, ist tatsächlich passiert. Aber welche Auswirkungen hatten die hier geschilderten Ereignisse für die Menschen damals?

Das Thema „Jüdisches Leben in Deutschland" taucht immer wieder im Zusammenhang mit Jahrestagen und Gedenkveranstaltungen auf. Dabei fällt der verkürzte Blick meist auf den unseligen Zeitabschnitt von 1933 bis 1945. Doch auch vorher gab es jüdische Gemeinden. In Mönchengladbach zum Beispiel. Wir wissen vielleicht, dass im heutigen Stadtgebiet mehrere Synagogen existierten. Doch können wir uns an der Blücherstraße gegenüber der heutigen Stadtbibliothek wirklich ein mächtiges, orientalisch anmutendes, jüdisches Gotteshaus vorstellen? Das wird schwierig. Wir wissen natürlich, dass es Mitbürger jüdischen Glaubens auch in unserer Heimatstadt gegeben hat. Doch können wir uns tatsächlich vorstellen, mit ihnen Tür an Tür gelebt zu haben? Ich denke, nicht wirklich.

Mit dem vorliegenden regionalgeschichtlichen Lesebuch möchte ich diese Vergangenheit wieder sichtbar machen und ein eher abstraktes Thema mit konkreten Namen, Gesichtern und Erfahrungen beleben. Dazu bin ich den verwischten Spuren jüdischen Lebens in unserer Stadt nachgegangen, suchte und fand ehemalige, in alle Teile der Welt ausgewanderte Mönchengladbacher Juden und gewann sie für meine Buchidee. Ermuntert durch den Erfolg meiner „Mönchengladbacher Zeitgeschichte(n)" wählte ich ein weiteres Mal die Methode der Zeitzeugen-Interviews. Die meisten der von mir befragten Damen und Herren der Jahrgänge ab 1915 waren Kinder, als sie mit ihren Eltern Nazi-Deutschland um 1937/38 verließen. In mehrstündigen, meist telefonischen Interviews schilderten die Gesprächspartner mir ihre damaligen Lebensumstände in der ehemaligen Heimatstadt. Um den Blickwinkel auf das Thema zu erweitern, bezog ich auch einige nicht-jüdische Interviewpartner ein. Für Reisen nach New York, Philadelphia oder Buenos Aires reichte mein Projektbudget leider nicht, meine Recherchen führten mich aber in die nähere Umgebung bis nach Paris und Nimwegen. Was dabei an erzählten Erinnerungen beisammen kam, lässt uns tief in den Alltag jüdischen Lebens hineinblicken, der in rein wissenschaftlichen Darstellungen ausgeblendet bleibt. Die im Wortlaut schriftlich fixierten Ausführungen habe ich so bearbeitet, dass sie dem Leser auf Anhieb zugänglich werden. Interviews erscheinen nicht „am Stück", sondern in flüssig hintereinander lesbaren Textpassagen.

Lässt man die von den Zeitzeugen benannten Straßennamen, Plätze und Geschäftsadressen Revue passieren, wird ganz deutlich, wo die jüdischen Mitbürger früher lebten: „Mitten unter uns" – daher auch der Titel meines Buches. Um ein Beispiel zu geben: Hauptgeschäftsstraßen waren in Rheydt die Hauptstraße und in Mönchengladbach die Hindenburgstraße, jüdische Geschäfte florierten dort neben solchen mit christlichen Inhabern. Unabhängig von der Konfession wurden auch Orte der Erholung wie der Hardter Wald, die Kaiser-Friedrich-Halle oder die Rheydter Stadthalle aufgesucht.

Keine Frage: Die Schilderungen der Zeit nach 1933 gehen uns „unter die Haut". Mich berührt u.a. besonders die des jüdischen Großvaters Karl Levy, sein sehnsüchtiger Blick in den Hof an der Keplerstraße, in dem er seine Enkelkinder spielen sieht. Heimlich und nur kurz schaut er ihnen zu – der Umgang mit den vier Kindern und dem katholischen Schwiegersohn war ihm verboten. Diese Erinnerungen erreichen unsere Herzen und unseren Verstand, weil die in ihnen vermittelten Erfahrungen persönlich sind, weil sich mit ihnen konkrete Personen und Schicksale verbinden.

Einige bisher gänzlich unveröffentlichte, weil erst kürzlich aufgetauchte Fotos geben unserer Vorstellung von der Vergangenheit schärfere Konturen. Der Blick vom Adenauerplatz auf die Gladbacher Synagoge – aus dem Jahr 1883 (!) – auf Seite 20 ist einfach sensationell, die Verkäuferinnen des eleganten, 1936 „arisierten" jüdischen Modegeschäfts Cohen & Frank auf Seite 106 schauen uns 1935 noch so freundlich an ... Am meisten freue ich mich über die vielen Gesichter ganz normaler Mitmenschen, die mein Buch nun für immer vor dem Vergessen bewahrt.

Zum Schluss doch noch ein paar unerlässliche, wichtige Zahlen: 1933 lebten etwa 1.350 jüdische Bürger im heutigen Mönchengladbacher Stadtgebiet. Die Stadt „Gladbach-Rheydt" umfasste damals die Ortsteile M.Gladbach, Rheydt, Odenkirchen, Giesenkirchen, Rheindahlen, Neuwerk und Hardt. Wickrath bzw. Wanlo waren selbstständige Gemeinden. In diesem Gesamtgebiet betrug die Bevölkerung rund 210.000 Personen, der Anteil der jüdischen Bevölkerung lag damit bei 0,6 Prozent. Über die Hälfte der jüdischen Bürger kam in der NS-Zeit ums Leben, nur 27 von 759 überlebten die Deportationen, einigen Hundert gelang die Auswanderung.

Doris Schilly
im August 2006

Die jüdischen Zeitzeugen

Ingeborg Karoline Alexander kam am 25. Februar 1936 in Mönchengladbach-Mitte zur Welt. 1939 konnte sie dreijährig aus Nazi-Deutschland herausgeschmuggelt werden, Bruder Gerd und Mutter Henny wurden nach Riga deportiert und dort ermordet. Inge Karoline wuchs bei ihrer Tante in Belgien auf, wo sie später Jura studierte. 1958 arbeitete sie als Dolmetscherin und ging dann nach Paris. Inge Caroline – wie sie sich nun nannte – studierte dramatische Kunst, arbeitete als Schauspielerin, seit 1969 als Musik- und Theaterkritikerin, übersetzte Bücher und Schauspiele. 1989 erschien ihre biografische Erzählung „Moi, Poissons-Sagittaire", 1993 die englische Übersetzung. Caroline Alexander lebt heute hauptsächlich in Paris. Sie hat zwei Kinder und fünf Enkelkinder.

Liesel Bein, geb. Mayer, wurde als erstes Kind von Berta und Max Mayer am 28. Januar 1926 geboren. Im Untergeschoss des Wohnhauses Mühlenstraße 48 (heute Erzbergerstraße) befand sich das väterliche Geschäft für Farben, Tapeten und Teppiche. Liesel und ihr Bruder lebten bis zur NS-Zeit in der Geborgenheit einer großen jüdischen Familie. 1938 musste das Mayer'sche Geschäft liquidiert werden, 1939 konnte die Familie nach Buenos Aires/Argentinien emigrieren. Liesel Bein arbeitete u.a. als Kindermädchen und Sekretärin. Heute betätigt sie sich ehrenamtlich in der Pflege buchantiquarischer Nachlässe deutscher Juden in Buenos Aires.

Philip M. Dine ist der Enkelsohn von Lilli (geb. 1900) und Dr. Eugen Kretzmer (geb. 1883). Bis zur NS-Zeit lebte die Familie in Mönchengladbach. Lilli Kretzmer stammte aus der Cohen-Familie, der das große Modekaufhaus Cohen & Frank an der Hindenburgstraße 42 gehörte. Dr. Eugen Kretzmer führte eine Praxis für Hautkrankheiten an der Schillerstraße. 1939 wanderte die Familie aus Nazi-Deutschland aus. In New York City kam Philip am 24. August 1949 zur Welt – das erste in den USA geborene Familienmitglied.

Liesel Ginsburg, geb. Frenkel, wurde am 12. April 1915 in Rheydt geboren. Großvater Benedikt Frenkel hatte 1886 die Firma Frenkel & Salomon an der Rheydter Limitenstraße gegründet, die sein Sohn Julius – Liesel Ginsburgs Vater – ab 1920 weiterführte. Liesel besuchte bis zur NS-Zeit das Rheydter Lyzeum. Frenkels wurden „arisiert" und mussten in ein Rheydter „Judenhaus". Von dort deportierte man die vierköpfige Familie 1941 ins Ghetto Riga/Lettland. Liesel überlebte als einzige und kam 1945 nach Rheydt zurück. Die 30-Jährige eröffnete ein Textilgeschäft und heiratete. Als 1951 Sohn Hans geboren wurde, zogen die Ginsburgs nach Köln.

Ruth Hermges, geb. Vergosen, kam am 14. November 1932 als zweites Kind des jüdisch-christlichen Ehepaares Levy-Vergosen zur Welt und wuchs in der Brunnenstraße 177 auf. Während des „Dritten Reichs" erlitten insbesondere die jüdische Mutter und die Kinder Verfolgung und Unterdrückung. Mit der Hilfe von Nachbarn und Freunden überlebten sie diese Zeit in ihrer Heimatstadt. 1945 wurden sie im Vitusbunker befreit. Nach dem Krieg führte Ruth Hermges bis zu ihrer Heirat den Haushalt der Familie. Sie wurde Mutter zweier Kinder und betrieb mit ihrem Mann bis 1996 zwei Geschäfte für Berufsbekleidung.

Leah Ivry, geboren am 13. August 1983 in Zfat/Israel, lebt seit Juni 2005 in Mönchengladbach. Um ihrem deutsch-jüdischen Großvater nahe zu sein, war die junge Frau von Israel nach Deutschland umgezogen. Sie ist die jüngste Enkelin von Dr. Kurt Shimon Wallach, der 1909 als Sohn des jüdischen Arztes Dr. Karl Wallach in Mönchengladbach geboren wurde, wegen des NS-Regimes 1933 nach Israel auswanderte und 1977 wieder in seine Heimatstadt zurückkehrte. Leah Ivry studiert Wirtschaft an der Hochschule Niederrhein.

Prof. Hans Jonas, geb. 10. Mai 1903 in Mönchengladbach, verstorben 5. Februar 1993 in den USA, legte sein Abitur 1921 am Stiftischen Humanistischen Gymnasium ab. Mit dem Machtantritt der Nationalsozialisten wanderte er über London nach Palästina aus. Hans Jonas war von 1940 bis 1945 britischer Soldat und als solcher nach Kriegsende u.a. in seiner Heimatstadt stationiert. Als Philosoph erlangte Hans Jonas weltweite Anerkennung, u.a. mit seinem „Prinzip Verantwortung" von 1979. 1987 erhielt er den Friedenspreis des Deutschen Buchhandels und die Ehrenbürgerwürde der Stadt Mönchengladbach. Mit freundlicher Genehmigung von Lore Jonas und des Insel Verlages, Frankfurt, zitiere ich im Folgenden aus seinen 2003 erschienenen „Erinnerungen".

Heinz Joachim Kirchheimer – heute Dr. H. David Kirk – kam am 15. März 1918 als erstes Kind des jüdischen Ehepaares Anna und Simon Kirchheimer zur Welt. Sein Vater führte unter dem Namen Unger & Cie. ein „Spezialgeschäft für Herren- und Knabengarderoben" an der Hindenburgstraße 159, der damaligen Krefelderstraße. Zusammen mit seinem Schwager Paul Simson gründete er die Kleiderfabrik Simson & Co. Unter dem Druck der politischen Verhältnisse verkaufte man die Firma schon 1935 an die nicht-jüdischen Brüder Povel. Heinz Kirchheimer besuchte seit 1928 das Stiftische Humanistische Gymnasium, auf Betreiben der Mutter siedelte er jedoch 1934 nach England über. 1938 wanderte die Familie, die sich fortan Kirk nannte, nach Amerika aus. Nach dem Krieg nahm Heinz/David ein soziologisches Studium auf, promovierte 1953 und lehrte bis 1985. Zu den Themen Heimatverlust und Wiederverwurzelung publizierte er mehrere Bücher. Mit seiner ersten Frau adoptierte H. David Kirk vier Kinder, ist heute mehrfacher Großvater und lebt seit 1954 in Kanada.

Ruth Lansing kam am 13. November 1918 in Odenkirchen zur Welt. Nachdem sich die jüdische Schülerin 1934 gezwungen sah, das Rheydter Lyzeum zu verlassen, arbeitete sie in der Webstoff und Bekleidung GmbH ihres Vaters an der Corneliusstraße 82 in Odenkirchen. Ruths älteste Schwester Gerti, geb. 1902, und ihre Eltern Friederike und Sigmund Oberländer wurden erst nach Theresienstadt, dann ins KZ Auschwitz deportiert und dort ermordet. Die dritte der Schwestern, Lucy, wanderte 1938 in die USA aus, wo sie heute noch lebt – 101-jährig. Ruth gelangte 1939 nach England. Im Oktober 1945 kehrte sie nach Deutschland zurück und war u.a. als Übersetzerin bei den Nürnberger Prozessen tätig. 1948 wanderte sie nach Buffalo im Staat New York aus, wo sie heute noch mit ihrem Mann lebt. Ruth Lansing war 20 Jahre lang als Immobilienmaklerin tätig, wurde Mutter einer Tochter und eines Sohnes und zweifache Großmutter.

Liesl Loeb, geb. am 17. Juni 1928, Tochter des früheren Rheydter Rechtsanwaltes Josef Joseph („der doppelte Jupp") und seiner Frau Lilly, geb. Salmon, wuchs an der Freiheitsstraße 31 in Rheydt auf. Nachdem der Vater in der Reichspogromnacht 1938 kurzzeitig verhaftet und die elterliche Wohnung verwüstet wurde, betrieb die Familie ihre Ausreise aus Nazi-Deutschland. Gemeinsam mit 937 weiteren jüdischen Flüchtlingen legten die Josephs am 13. Mai 1939 auf dem Passagierschiff „St. Louis" mit Kurs auf Kuba ab. Nach einer Odyssee über Belgien, England und Schottland fand man in den USA ein neues Zuhause. Liesl Loeb heiratete, wurde Mutter und Großmutter, arbeitete als Grafikerin und hält heute Vorträge über ihre Geschichte als Jüdin in der damaligen Zeit. Sie lebt in Philadelphia.

Hilda Nathan wurde am 2. Oktober 1918 in Hilden geboren. 1921 zog die jüdische Familie nach Rheindahlen, wo sie das Kaufhaus Esser an der Beecker Straße 11 übernahm. Als in der NS-Zeit die Kundschaft ausblieb, mussten die Nathans verkaufen. Im Frühjahr 1938 zogen Eltern und Tochter nach Krefeld, Hildas Bruder war schon 1937 nach Pittsburg/USA ausgewandert. Im Juli 1939 gelang Hilda zunächst die Ausreise nach England, 1940 konnte sie nach Pittsburgh emigrieren, wo sie als Handelsschullehrerin und Buchhalterin arbeitete. Ihre Familie sah sie nie mehr wieder. Vater Nathan starb 1941 an den Spätfolgen einer Verletzung aus dem Ersten Weltkrieg, Mutter Henriette wurde im April 1942 nach Izbica/Polen deportiert und kehrte nicht mehr zurück. Hildas Bruder Erich kam als Soldat 1944 ums Leben.

Marion Öztürk, geb. am 27. Februar 1957, Halbjüdin, ist die Tochter von Manfred Leven (†), der am 27. September 1930 als Sohn des jüdischen Ehepaares Otto und Gertrud Leven in Odenkirchen zur Welt gekommen war. Als Achtjähriger wurde Marion Öztürks Vater nach der Reichspogromnacht vom 9./10 November 1938 in ein jüdisches Waisenhaus verschleppt und verbrachte die Jahre bis zu seiner Befreiung durch die Amerikaner im April 1945 in verschiedenen Konzentrationslagern. 1951 folgte er seinem Vater von Belgien aus zurück nach Rheydt, wo er als letzter der 120 Odenkirchener Juden am 16. November 2000 verstarb.

Die jüdischen Zeitzeugen 13

Walter M. Salmon wurde am 2. November 1924 in Rheydt geboren. Sein Vater war Mitinhaber der Textilfirma Weinberg & Co., die ein Geschäft an der Friedrich-Ebert-Straße und eine Filiale an der Gladbacher Hindenburgstraße hatte. 1938 musste Walter das Hugo-Junkers-Gymnasium (damals Oberschule für Jungen) als letzter jüdischer Schüler verlassen. Die Familie wanderte im Frühjahr 1939 nach La Paz/Bolivien aus. 1971 emigrierte Walter Salmon mit seiner Frau und den vier Kindern nach Buenos Aires/Argentinien, wo der gelernte Kaufmann unerwartet am 19. August 2006 verstarb. Seine Heimatstadt Mönchengladbach hatte er inzwischen einige Male besucht.

Als Hans-Arno Schmitz am 3. Juli 1937 in Rheydt zur Welt kam, gehörte seine Mutter Elisabeth, die aus einer jüdischen Familie stammte, schon seit sieben Jahren der katholischen Glaubensgemeinschaft des Vaters an. Trotzdem wurde die vierfache Mutter 1944 deportiert. Sie überlebte das KZ Theresienstadt und konnte im Juni 1945 nach Hause zurückkehren. Nach dem Krieg unterschied nichts die Familie von den anderen. Die Vergangenheit ließ Hans-Arno Schmitz, der vor seiner Pensionierung als Bezirksgeschäftsführer einer Ersatzkasse (DAK) tätig war, Zeit seines Lebens jedoch nicht los, obwohl er nie öffentlich darüber sprach. Bis auf sein Betreiben hin in Mönchengladbach-Odenkirchen die ersten „Stolpersteine" verlegt wurden, die nun mahnend an das Schicksal seiner jüdischen Verwandten Levy erinnern, die im Holocaust umkamen.

Ellen-Marie Vogel (links) kam als einziges Kind von Gertrud Vogel geb. Loewenstein und Dr. Kurt Vogel am 23. Oktober 1932 in Mönchengladbach-Mitte zur Welt. Ihr Vater führte die Tuchfabrik Klein & Vogel an der heutigen Erzbergerstraße, früher Mühlenstraße. Das florierende Unternehmen wurde 1938 „arisiert". 1936 war die Familie bereits nach Eindhoven/Holland ausgewandert, von hier aus hatte Dr. Kurt Vogel das Geschäft eine Zeit lang weitergeführt. Nach dem Einmarsch der deutschen Wehrmacht nach Holland im Mai 1940 wurden die Eltern deportiert und kamen in Auschwitz und Sobibor ums Leben. Ellen-Marie entging diesem Schicksal, versteckt in der Kinderabteilung einer Klinik. Nach dem Krieg fand sie in den Niederlanden ein neues Elternhaus bei Pflegeeltern. Sie studierte Jura, arbeitete als Lehrerin und engagierte sich 20 Jahre lang ehrenamtlich für Opfer von Verbrechen und Verkehrsunfällen.

Die nicht-jüdischen Zeitzeugen

Dr. Hansgeorg Erckens kam am 8. Juni 1930 an der Brucknerallee in Rheydt zur Welt. Nach dem Krieg machte er in Mönchengladbach Abitur und studierte Jura. Im Anschluss an Promotion und 2. Staatsexamen trat er in die Gladbacher Sozietät des früheren Ministerpräsidenten Dr. Franz Meyers ein, aus der sich die Anwaltspraxis entwickelte, deren Senior Dr. Hansgeorg Erckens heute noch ist. Sein acht Jahre älterer Bruder Dr. Günter Erckens ist der Verfasser des umfangreichen dreibändigen Werkes „Juden in Mönchengladbach", dessen Erscheinen 1989 der Autor durch seinen frühen Tod 1988 nicht mehr erleben konnte.

Marianne Geerlings, geb. am 1. August 1921, lebte vor dem Krieg mit ihren Eltern an der Waldhausenerstraße 29, wo die Großeltern das Restaurant „Zum alten Ulan" führten. Nach ihrer Heirat war sie im Betrieb ihres Mannes für Bäckereibedarf, Maschinen und Geräte in der Hermannstraße 17 sowie im Büro tätig.

Hildegard Hintzen, geb. am 15. September 1935, ist die Enkeltochter von Wilhelm Giesing, der von 1924 bis 1942 Oberstudiendirektor am Stiftischen Humanistischen Gymnasium in Mönchengladbach war und als solcher während der NS-Zeit Zivilcourage bewies. Als kaufmännische Angestellte arbeitete Hildegard Hintzen, geb. Holzem, in der Bauunternehmung ihres Mannes. Heute widmet sich die mehrfache Großmutter der Aufarbeitung ihrer Familiengeschichte.

Dr. Arnd Hollweg kam am 23. März 1927 in Mönchengladbach zur Welt. Familie Hollweg lebte an der Blücherstraße in direkter Nähe zur Synagoge. Der evangelische Theologe, Sozialpsychologe und Pädagoge publizierte zahlreiche Aufsätze sowie mehrere Bücher, z.B. „Biblischer Glaube und Neuzeitliches Bewusstsein" (1999). Pfarrer Hollweg war in verschiedenen kirchlichen Bereichen tätig und arbeitet heute als freier Autor und Wissenschaftler in Berlin.

Hans-Georg Hollweg, geb. am 22. August 1929, ist der Bruder von Dr. Arnd Hollweg und das vierte Kind von Dr. Ernst und Henriette Hollweg. Nach dem Abitur am Stiftischen Humanistischen Gymnasium 1950 machte er eine kaufmännische Lehre und ging ins Ausland. Hans-Georg Hollweg war in der Textilindustrie tätig und leitete nach seiner Rückkehr nach Deutschland ein eigenes Unternehmen der Textilmaschinenindustrie, in dem er heute noch tätig ist.

Christel Leven, geb. am 20. Dezember 1939 in Düsseldorf, katholisch, und Manfred Leven (†2000), aus jüdischer Familie, heirateten am 28. Juli 1961 und lebten in Odenkirchen gemeinsam mit der aus Levens erster Ehe stammenden Tochter Marion (geb. 1957). 1962 wurde eine weitere Tochter, Gabriele, geboren. Nach dem Tod ihres Mannes übernahm Christel Leven die Aufgabe, den jüdischen Friedhof an der Kamphausener Straße auf Wunsch für Besucher zu öffnen.

Wolfgang Plum, Fleischermeister, wurde am 3. April 1932 in Mönchengladbach als 24. Enkel seines Großvaters Wilhelm geboren, des Gründers der ehemaligen Fleischerei Plum an der Friedrichstraße 13. 1957 übernahm er das Geschäft von seinem Vater und führte es weiter bis Ende 1994. Wolfgang Plum war von November 1969 bis Dezember 1981 CDU-Ratsherr in Mönchengladbach.

Hans Segschneider kam am 14. Dezember 1921 an der Gartenstraße in Rheydt zur Welt. Mit 12 Jahren trat er als Pimpf ins Deutsche Jungvolk der Hitler-Jugend ein, kam 1940 zur Wehrmacht und wurde rasch Offizier. Nach dem Krieg schlug er die Lehrerlaufbahn ein. Ab 1966 bis zu seiner Pensionierung war Hans Segschneider als Schulleiter tätig. Der stark ehrenamtlich engagierte ehemalige FDP-Fraktionsvorsitzende wurde 1960 Ratsherr der Stadt Rheydt und war von 1984 bis 1994 Bürgermeister der Stadt Mönchengladbach.

1. Kindheit, Familie, jüdisches Leben

Welchen Aufwand ein nach den traditionellen jüdischen Speisevorschriften geführter Haushalt erforderte, welche Zeremonien mit dem Begehen des Sabbats verbunden waren und wann man in die Synagoge ging, wird in diesem Kapitel erzählt. Zwar gab es solche Unterschiede zu den christlichen Mitbürgern in Hinblick auf Lebensführung und Festtagskalender. Andererseits – und das mag den Leser erstaunen – lebte man als Jude in Mönchengladbach vor 1933 eigentlich genauso wie als Christ: Die Sorge der Familienväter galt der wirtschaftlichen Existenz, Kinder schlossen Freundschaften in der Nachbarschaft, Erholung Suchende schwärmten am Wochenende ins Grüne und tummelten sich z.B. im Volksgarten oder besuchten im Sommer das Odenkirchener Freibad Bellermühle. In der Geborgenheit ihres Familien- und Freundeskreises wuchsen die in den Jahren 1915 bis 1926 geborenen jüdischen Zeitzeugen noch in einer friedlichen Atmosphäre des Nebeneinanders von jüdischer und christlicher Religion heran. Die familiären Bindungen waren eng. Dies mag zum einen darin begründet sein, dass man einer religiösen Minderheit angehörte und zusammenhielt. Zum anderen war es auch ein Zeitzeichen: Früher waren die verwandtschaftlichen Beziehungen bindender als heute, wo vieles in Auflösung begriffen ist, was damals auf immer zusammengeschweißt war – bei Levys wie bei Müllers. Interessant ist der Blick auf den Themenkreis Arbeit, der sich in diesem Kapitel ebenfalls auftut. Unternehmerischer Fleiß, der Wille zum Erfolg und Geschäftssinn zeichnete die Arbeit der Großväter und Väter aus. Zum Aufblühen des „rheinischen Manchester" Mönchengladbach trugen auch die jüdischen Kaufleute bei, ihre Textilfabriken und Konfektionsgeschäfte prägten das Stadtbild in Rheydt und Gladbach mit. Es sah nicht so aus, als ob sich dies bald ändern sollte.

Die fünf Schwestern Mayer, von links: Hanna, Jenny, Malli, Selma (die älteste) und Frieda.

Mein Vater als ältester von zehn Geschwistern musste frühzeitig ins Geschäft einsteigen. Die Firma [B. Jonas] siedelte erst um 1896, glaube ich, von Borken nach Mönchengladbach über, weil dort in der Zeit der Mechanisierung die Textilindustrie aufblühte und Arbeitskräfte sowie auch verkehrsmäßig ein industrielles Umfeld vorhanden waren. Krefeld war das rheinische Lyon, Mönchengladbach das rheinische Manchester. Hier produzierte man „Genua-Cord", diesen gerippten Stoff, der vielfach zur Arbeiterkleidung diente. Außerdem wurde viel für den Kolonialhandel hergestellt, vor allem die bedruckten Baumwollstoffe von sehr schlechtem Geschmack, die man als „Gladbacher Schund" bezeichnete, mit denen man aber große Geschäfte machte. Wir arbeiteten nicht mit Baumwolle, sondern mit Leinen und Damast.

Insgesamt war die jüdische Gemeinde in Mönchengladbach, die aus 300 Familien – vielleicht 1200 Seelen – bestand, wohlhabend und im Grunde gut integriert. Man konnte neben der jüdischen Volksschule ohne weiteres die allgemeine Schule besuchen, was ich ja auch tat. Wir Kinder wurden gelegentlich bei den nicht-jüdischen Nachbarn eingeladen, so daß ich auch Weihnachten mit einem Weihnachtsbaum kennenlernte. Bei meinen Eltern war das dagegen kaum der Fall. Die nicht-jüdischen Gäste, die wir hatten, luden meine Eltern nie ein, und auch sonst verlief alles fein getrennt. Nur ein Beispiel: Es gab gesellige Vereinigungen in Mönchengladbach für die katholischen und evangelischen Fabrikanten und Honoratioren einschließlich der Akademiker – und zwar die Gesellschaft „Casino" für die Katholischen und die „Erholung" für die Evangelischen und

Eine Werbeanzeige der Weberei Benjamin Jonas, um 1900. Quelle: Stadtarchiv MG 10/39745

die Gesellschaft „Verein", in der die Juden zusammenkamen. Das war eine Trennung ohne Aggression, doch die Grenzen waren gezogen. Später, auf einem Empfang anläßlich meiner Ehrenbürgerschaft in Mönchengladbach, der in den Räumen der „Erholung" stattfand, fragte mich mein Vetter Erich Haas: „Weißt du, daß unser Onkel Jonas Benjamin Jonas Mitglied der Gesellschaft der ‚Erholung' war?" Da sagte ich: „Ausgeschlossen, da waren doch keine Juden drin." „Doch, Onkel Jonas war 50 Jahre lang Mitglied der ‚Erholung'. Als einziger." Er war nämlich Stadtverordneter und wurde als solcher aufgefordert, der Gesellschaft beizutreten. Dieser Jonas Benjamin Jonas war ein Onkel meines Vaters. Er war in den 1830er Jahren geboren und der Sohn von Benjamin Jonas, der 1815 die Firma „B. Jonas – Leinenweberei" gegründet hatte. Früher besaß er ein Ledergeschäft in Gladbach, ich nehme an noch mit Senkgrube und Zubereitung des Leders. In der Mitbürgerschaft hatte er sich frühzeitig große Achtung erworben, zunächst in der jüdischen Gemeinde, dann auch in der allgemeinen Bürgerschaft. Jahrzehntelang war er Stadtverordneter, erhielt den Kronenorden dritter Klasse oder irgend so etwas – einen preußischen Orden – und war 40 Jahre lang teils aktiv, teils Ehrenvorsitzender der Gemeinde. Von ihm habe ich gelernt, was ein wirklich religiöses Dasein ist. Erstens hielt er sich streng an die Lebensordnungen und -vorschriften, zweitens betete er wirklich. In der Synagoge war er allen Gemeindemitgliedern ein Vorbild, nach dem man sich zwar nicht richtete, das man aber verehrte und respektierte. Und das, obwohl die Gemeinde überwiegend liberal war! Ihm zuliebe, um ihn nicht verletzen, behielt man den orthodoxen Gottesdienst in hebräischer Sprache und mit traditionellem Ritus bei – nur die Predigt war deutsch. Eine Orgel gab es auch nicht, da man wusste, dass

Diese Veranstaltungs-Anzeige erschien am 1. September 1883 in der „Gladbacher Zeitung". Die feierliche Einweihung der Mönchengladbacher Synagoge vom 14. bis 16. September 1883 begann mit einem Abschiedsgottesdienst in der alten Synagoge an der Abteistraße. Anschließend bewegte sich ein Festzug über Abteiplatz, Wallstraße und Regentenstraße bis zur heutigen Blücherstraße 15/17, der früheren Karlstraße, wo das neue Gebäude nach dem Vorbild der Großen Berliner Synagoge im maurischen Stil erbaut worden war. Die dreitägige Veranstaltung hatte überkonfessionellen Volksfestcharakter. Quelle: Stadtarchiv MG 14/354

dies den alten Herrn Jonas über die Maßen kränken würde. Dafür hatten wir einen Kantor aus Polen, einen schönen jungen Mann, der herrlich sang. An Jom Kippur trug Jonas Benjamin Jonas wie alle frommen Leute weiße Sterbekleider. Er hielt es für geboten, nicht nur den ganzen Tag über zu fasten und ihn in der Synagoge zu verbringen, sondern sich nur gelegentlich hinzusetzen und fast die ganze Zeit zu stehen. Als die Jahre dahingingen, sorgten sich die übrigen Betenden deswegen immer mehr: „Wie wird der Herr Jonas das überstehen?" Schließlich hat man ihn beschworen, er möge sich doch wenigstens hinsetzen, denn die Aufmerksamkeit der anderen

Blick vom Kaiserplatz, dem heutigen Adenauerplatz, auf die Kaiserstraße um 1883. Links oben sieht man die Synagoge an der Blücherstraße gegenüber der heutigen Stadtbibliothek. Quelle: Stadtarchiv MG 10/10569

werde vom Jom-Kippur-Gottesdienst abgelenkt, wenn sie um ihn zittern müssten. Er hatte etwas von einem Heiligen.

Eines der prägenden Ereignisse meiner Jugendzeit war der Ausbruch des Ersten Weltkriegs. Ich war damals elf Jahre alt. Mein Bewußtsein der Weltereignisse setzte am 1. August 1914 ein, als sich plötzlich das eigene Land im Krieg befand. Mit der dem Kinde eigenen Dummheit hatte ich das Gefühl, dass nun endlich etwas geschah. Bis dahin war ich unter bevorzugten Bedingungen aufgewachsen, in einem Land, das seit Jahrzehnten nur Frieden gekannt hatte, das wirtschaftlich blühte, als Kind eines Hauses, das gut gestellt war, wo der Vater ein geachteter Fabrikant und ein anerkanntes Mitglied der jüdischen Gemeinde war, wo man in den großen Ferien immer mit riesigen Koffern an die See fuhr und dachte, das werde immer so weitergehen.

Wir waren alle zu Hause, als der Krieg ausbrach. Mein Vater fuhr sofort nach Köln zu dem für unsere Region zuständigen Heeresbeschaffungsamt und legte seine Angebote für Zeltbahnen und andere Stoffe vor, die für die Armee wichtig sein könnten. Und er war wirklich einer der ersten, die da waren, und kam mit Riesenaufträgen zurück, so daß nicht nur alle mechanischen Webstühle unserer Fabrik ausgelastet waren, sondern noch andere Webereien in Mönchengladbach für die Ausführung seiner Aufträge arbeiteten. Eine Episode zeigt, wie ausgeprägt der Patriotismus in den ersten Kriegswochen auch unter den Juden war. Mein ältester Vetter in Mönchengladbach war Erich Haas. Bei Ausbruch des Krieges war er in der Oberprima und hatte wahnsinnige Angst, der Krieg könnte, weil die Siege so unmittelbar und schlagartig einsetzten, zu Ende sein, ehe er an die

Reihe kam. Normalerweise hätte er erst das Abitur gemacht und wäre dann eingezogen worden. Diejenigen unter den Schülern, die beinahe 18 waren, hatten jedoch die Möglichkeit, das sogenannte Notabitur zu machen und sich freiwillig zu melden. Mein Vetter Erich, der übrigens in seiner Schülerzeit etwas kränklich gewesen war, durfte diese Gelegenheit natürlich nicht verpassen. Also fuhr sein Vater mit ihm nach Köln, wo er zu einer militärärztlichen Untersuchung kam. Um den Feldwebel, unter dessen Federführung sie stattfand, günstig zu stimmen, steckte ihm mein Onkel ein Goldstück zu, worauf Erich für kriegsverwendungsfähig erklärt wurde.

Mit meinen Vater kam es darüber, dass ich mich zum Zionismus bekannte, zu fürchterlichen Zusammenstößen. Er, der bewusster Jude war und auch niemals einen Hehl daraus machte, war über viele Jahre Vorsitzender des Centralvereins Deutscher Staatsbürger Jüdischen Glaubens, Ortsgruppe Gladbach-Rheydt-Odenkirchen gewesen. Drei blühende jüdische Gemeinden. Ausgerechnet sein Sohn, als einziger der jüdischen Jugend, wird von dieser Verrücktheit befallen, Zionist zu werden und dafür einzutreten, dass wir in Palästina einen eigenen Staat gründen und uns dort ansiedeln! Es gab schreckliche Kämpfe. Mitten beim Mittagessen gab oft ein Wort das andere und meine Mutter saß, ich weiß nicht ob weinend, aber jedenfalls zitternd, dabei, während mein Vater in schrecklicher Wut aufbrauste und ich ihm nicht viel nachstand. Plötzlich verbreitete sich – etwa im Jahr 1919 oder 1920 – die Kunde, dass sich hier ein Nervenarzt niederlassen wolle, Dr. Sally Löb, dem der Ruf vorausging, er sei Zionist. Der Möbelwagen stand noch vor seinem Haus, da war ich schon zur Stelle und stellte mich ihm zur Verfügung. Und noch während ausgeladen wurde, besprachen wir die Gründung einer zionistischen Ortsgruppe Mönchengladbach-Rheydt. Sie nahm ihren Anfang mit Zusammenkünften in seiner Wohnung. Interessant ist übrigens, wer dabei war – natürlich niemand aus der jüdischen Oberschicht. Ich war das schwarze Schaf in dieser vorherrschenden Sozialschicht der jüdischen Gemeinschaft. Der Haß gegen Sally Löb war so stark, daß, wie mir eines Tages berichtet wurde, irgendwo in der Gesellschaft der feinen Juden in der Schillerstraße gegenüber seiner Wohnung jemand sagte: „Jetzt alle ans Fenster und herüberspucken!" Das wurde natürlich zum Spaß gesagt, aber es gab den Geist, die Stimmung wieder, die unter den assimilierten, wohlsituierten Juden Gladbachs herrschte. Es war übrigens in Mönchengladbach auch später völlig aussichtslos, in der höheren jüdischen Gesellschaft für die Zwecke des Zionismus zu sammeln. Ich erinnere mich noch, wie einer aus der jüdischen Haute Volée von Rheydt nach dem 1. April 1933, dem Judenboykott, verkündete: „Wir deutschen Juden wollen nicht auswandern!"

Prof. Hans Jonas
Philosoph, Jahrgang 1903 († 1993)
zitiert aus „Erinnerungen", Insel Verlag

Meine Eltern wohnten an der Nordstraße/Ecke Taubenstraße, wo ich 1915 geboren wurde. Als ich sechs Jahre alt war, zogen wir in das Haus meiner Großeltern zur Limitenstraße 38-40. Unten waren die Geschäftsräume unserer Firma Frenkel & Salomon, hinten der Betrieb mit Sortieranstalt. Wir führten auch ein Geschäft in der Mittelstraße, um Bahnanschluss zu haben. Frenkel & Salomon – das waren mein Großvater Benedikt Frenkel und Herr Salomon, später dann mein Vater Julius. Wir führten Rohprodukte und belieferten die Spinner und die Weber. Wenn ich in die Schule ging, war mein Vater schon im Büro. Er reiste zum Beispiel im Bezirk Viersen/Dülken, besuchte die Firmen und verkaufte die Ware. Die Arbeiter kamen mit dem Fahrrad oder mit der Bahn vom Land rings umher, aus Korschenbroich und Kleinenbroich. Sie brachten sich ihr Mittagessen im Henkelmann mit.

Wenn ich Schulaufgaben machte und meine Mutter manchmal keine Geduld hatte, ging ich herunter ins Büro, wo die drei Angestellten saßen. Dort gab es einen Herrn, der sich dann um mich und meine Schularbeiten kümmerte. Freitags ging ich oft zu den Angestellten in die Mittelstraße und brachte ihnen die Lohntüten. Wenn ich Geburtstag hatte, kamen Kinder zu Besuch, Jungen und Mädchen. Sie gingen gerne in den Betrieb, kletterten über die Ballen und liefen die Treppen rauf und runter. Eine Trennung zwischen Judentum und Christentum hat es nicht gegeben und in meiner Kinderzeit empfand ich mich auch nicht als etwas Besonderes oder Anderes.

Meine Mutter führte den Haushalt, hatte aber Personal, das im Haus wohnte. Unser Kindermädchen Ottilie war in unser Haus gekommen, als ich sechs Jahre alt war. Nachdem sie geheiratet hatte, kam sie trotzdem noch zu uns, denn hier war auch ihr Zuhause. Das Mädchen machte uns morgens das Frühstück, dann gingen wir in die Schule, ohne mit den Eltern gefrühstückt zu haben. Ottilies Cousine war auch bei uns, wenn wir Hausputz oder Große Wäsche hatten. Früher hatte man viel Personal – es war ja auch ein großes Haus, in dem wir lebten. Mein Bruder und ich hatten ein Kinderzimmer und ein Spielzimmer.
Liesel Ginsburg geb. Frenkel
Selbstständige, Jahrgang 1915

Meine Eltern kauften bei Gottschalk, einem jüdischen Geschäft an der oberen Hindenburgstraße. Wenn Kleidung eingekauft wurde, wollte mein Vater grundsätzlich immer zu Gottschalk: „Da werden wir korrekt bedient und es gibt schicke Sachen", sagte er. Ich wurde dort eingekleidet. Dass es sich um ein jüdisches Geschäft handelte, empfand man nicht als etwas Besonderes.
Marianne Geerlings (nicht-jüdisch)
Bürokraft, Jahrgang 1921

Wenn meine Großmutter Carolina Frenkel ausging, trug sie stets einen Hut mit Schleier. Ich kenne sie nur in Schwarz. Auch Großvater trug immer einen dunklen Anzug, im Sommer mit einem Strohhut. Mutter war auch immer gut angezogen. Ihre Kleider ließ sie bei guten Schneiderinnen in Rheydt anfertigen. Kinderbekleidung dagegen kaufte man fertig, z.B. bei Bellerstein. Es gab so viele jüdische Firmen: in Rheydt z.B. die Familie Winter, sie hatte ein Geschäft in der Friedrich-Ebert-Straße, damals Friedrich-Wilhelm-Straße. Und bei Abraham konnte man auf vier Etagen alles kaufen – von der Bettwäsche bis zum Brautkleid, auch Haushaltswaren. Die Gebrüder Max und Wilhelm Abraham besaßen Warenhäuser in Rheydt und in Gladbach. Später kamen sie im Ghetto von Riga um.

Liesel Ginsburg 1917 im Alter von zwei Jahren.

Kindheit, Familie, jüdisches Leben 23

Liesel Ginsburgs Großeltern väterlicherseits: Carolina Frenkel, geb. Jonas am 9. Mai 1846, und Benedikt Frenkel, geb. am 20. April 1850.

Die Rheydter Synagoge war ein rotes Backsteinhaus mit dem Gesicht zur Wilhelm-Strater-Straße. Sie war nicht sehr groß, vielleicht konnten 50, 60 Männer Platz finden. Für die Frauen führte eine Treppe nach oben, unten gab es noch einen Vorraum. Das Gebäude lag ein wenig nach hinten zur Handelsschule hin. Daneben befand sich unsere jüdische Volksschule und über der Schule die Wohnung unseres Lehrers Max Heymann. Im Gottesdienst haben die Mädchen bis heute die untergeordnete Rolle, die Männer dominieren. In der Rheydter Synagoge saßen Männer und Frauen natürlich getrennt: die Frauen oben, die Männer unten. Bis wir 13 Jahre alt waren, konnten wir Mädchen unten mit den Vätern sitzen. Wenn wir dieses Alter erreicht hatten, wurden wir zu unserer „Konfirmation" (jüd.: Bat Mizwa) aufgerufen. 1928 waren wir sechs oder sieben Mädchen in weißen Kleidern, es war sehr schön. Wir sagten in Hebräisch auf, was wir gelernt hatten, und jede von uns hatte noch einen besonderen Wahlspruch.

Zu den Feiertagen, vor allem an dem langen Fastentag, dem Jom-Kippur-Tag, gingen die jungen Leute morgens schon mal zur Gladbacher Synagoge und wieder zurück, damit man den Tag herumkriegte. Abends beschloss man ihn wieder in der Rheydter Synagoge. An Jom Kippur tut man nichts, man geht in die Synagoge und betet. Zum letzten Mal isst man am Abend vorher und dann erst wieder am nächsten Abend, wenn es dunkel ist. Der Jom-Kippur-Tag ist veränderlich, liegt allerdings immer um September/Oktober herum. Die anderen Feiertage sind nicht so streng. Fastentage gibt es im Jüdischen Kalender aber immer wieder. Wir sagen, dass es sehr gesund ist, wenn man mal nichts isst.

In der jüdischen Gemeinde gab es immer schon Frauenvereine, die sich sozial betätigten. Viele Frauen, die wohlhabend waren und Zeit dafür hatten, taten etwas für Kranke, für werdende Mütter und allgemein für die Menschen der Gemeinde.

Es ist ja so, dass man bei uns Juden Fleisch und alles, was mit Milch zubereitet wird, nicht zusammen isst. An Ostern macht man Klöße aus Matzen ohne Butter, stattdessen nimmt man Margarine zum Backen. Bei den älteren Leuten wurde stets koscher gekocht. Zwei Spülbecken – eines für Milch und eines für Fleisch – hatten wir alle. Man verfügte über eine große Küche, in einer kleinen geht das nicht. Es gab Schränke und Geschirr für Milchiges und für Fleisch. Meine Großeltern waren fromm, aber im Haushalt meiner Eltern war schon alles gemäßigter. Wir sind samstags auch mal gefahren, anstatt zu Fuß zu gehen – so etwas gab es früher nicht: Am Sabbat fährt man nicht mit der Straßenbahn, mit dem Zug oder dem Auto. Im Winter ist früh Sabbat, im Sommer erst spät – wenn es dunkel wird. Am Freitagabend wurden Kerzen angezündet und dann aßen wir gemeinsam: Suppe mit Klößchen, Suppenfleisch, Salate, nur jüdische Gerichte. Was ich so gern hatte: mit Apfelkompott gefüllter, mit Mark gemengter Teig, nicht mit Butter, damit dieser Nachtisch dann auch zum Fleisch gegessen werden konnte.

Liesel Ginsburg geb. Frenkel
Selbstständige, Jahrgang 1915

Wir hatten eine große Fleischerei in der Friedrichstraße. Erst führte mein Großvater sie, dann mein Vater, 1957 übernahm ich sie. Für unsere jüdischen Kunden, die vor dem Krieg bei uns kauften, musste das Fleisch koscher sein: Das heißt, es musste geschächtet sein, wobei der Rabbi dazu kam und selbst das Messer an die Kehle der Tiere setzte. Das nicht geschächtete Fleisch nannte sich treife. Von den 14 bis 16 Stück Großvieh, die wir früher am Gladbacher Schlachthof wöchentlich schlachteten, wurden jeweils ein, zwei Tiere von den anderen getrennt und dann geschächtet. Das durften wir bis 1934 hier am Schlachthof machen, dann wurde es verboten. Die Ware wurde bei uns im Laden extra aufgeschnitten, gelagert und verkauft. Zu unseren jüdischen Kunden vor dem Krieg gehörten die Familien Mannheimer, Strauß, die Aschaffenburgs und Isidor Fürst mit seiner katholischen Frau. Entweder bekamen sie die Ware von uns geschickt – in diesem Fall standen sie bei uns im Büchlein und erhielten eine Monatsrechnung. Oder, wenn die Herrschaften persönlich kamen, kauften sie ein und wir schickten ihnen die Ware nach Hause. Der Kontakt zu den jüdischen Kunden war sehr herzlich.

Wolfgang Plum (nicht-jüdisch)
Fleischermeister, Jahrgang 1932

Die Rheydter Synagoge an der Wilhelm-Strater-Straße, um 1920. Sie wurde am 10. November 1938 zerstört.
Quelle: Stadtarchiv MG 10/25319

Die Ochsen- u. Schweinemetzgerei Wilhelm Plum an der Friedrichstraße 13, aufgenommen im Jahre 1902.

Mein Vater Simon Kirchheimer, 1883 in Mainz geboren, führte schon vor dem Ersten Weltkrieg ein kleines Einzelhandelsgeschäft für Herren- und Knabenbekleidung an der Hindenburgstraße 159 unter dem Namen des bisherigen Inhabers Unger & Cie. [Cie. = Compagnie]. Da mein Vater nicht Herr Unger war, wurde er von vielen Leuten als Herr Cie angesprochen. Meine Mutter Anna stammte aus Düsseldorf. Ihr Vater exportierte deutsche Maschinen nach Frankreich und Belgien und war auch als Kunstsammler bekannt. 1913 heiratete Mutter den kleinen Geschäftsmann Simon Kirchheimer in Mönchengladbach. Ein Jahr nach der Hochzeit musste er in den Krieg ziehen. Von meiner Mutter hörte ich später, dass sie das Geschäft während des Ersten Weltkriegs weiter aufbaute. Das größere Bekleidungsgeschäft Hettlage war ihr damals behilflich, Stoffe zu kaufen, die während des Krieges schwer zu bekommen waren. In unserem Geschäft gab es Konfektionswaren für Herren und Knaben. Auch ich wurde hier manchmal eingekleidet.

Auf einer schmalen Straße fast gegenüber unserem Haus gab es in meiner Kindheit einen Metzger: Kaiser. Wir kauften dort gewöhnlich unser Fleisch. Der Sohn war ein Jahr älter als ich und hieß Wilhelm. Da man in den 20er-Jahren noch vom Kaiser Wilhelm sprach, wurde der Metzgerssohn von mir stets „der Kaiser Wilhelm" genannt. Der Kaiser Wilhelm und ich spielten allerhand Streiche. Ich liebte ihn sehr, denn er dachte sich immer etwas aus, was Erwachsenen unangenehm war. Wir fuhren damals zum Beispiel mit unserem Roller gegen Leute in der Straße usw. Für zwei, drei Jahre war der Kaiser Wilhelm mein bester Freund.

Oskar Gölitz wohnte mit seinen Eltern in unserem Haus an der Hindenburgstraße 159 auf der dritten Etage unter dem

Heinz Kirchheimer mit etwa vier Jahren, um 1922.

Dach. Oskar und ich waren uns so ähnlich, dass er oft Heinz genannt wurde und ich Oskar. Wir liefen gemeinsam herum und er besuchte wie ich den Kindergarten Albertusstift an der Kaiserstraße, der von katholischen Schwestern geführt wurde. Es gab keinen jüdischen Kindergarten und meine Eltern waren nicht strenggläubig. Meine Mutter war sehr befreundet mit einer Nonne aus dem Albertusstift namens Gothalma. Schwester Gothalma kam oft zu meiner Mutter und sie tranken einen Kaffee zusammen. Eines Tages starb eine der Schwestern. Man sagte uns Kindern, der Sarg werde am nächsten Tag offen sein, und da werde ein kleiner Hocker stehen, auf den wir Kinder klettern können, um die Nonne zum Abschied ein letztes Mal anzuschauen. Als Oskar und ich an diesem Tag zum Kindergarten gingen, sagte er zu mir: „Weißt du, vielleicht hast du das noch nicht gehört. Aber wenn man eine tote Nonne an die Nase fasst und sie so herumdreht, dann lächelt sie." Natürlich, wenn der Oskar das sagte, musste es schon stimmen. Als ich dran kam, stieg ich auf den Hocker und drehte ihre Nase. Da packte eine der Nonnen mich schnell am Kragen und ich bekam etwas ganz Unangenehmes auf den Hintern. Als ich mit Oskar nach Hause ging, fragte ich ihn: „Wie kommt das? Man hat mich nicht nur verhauen, sie hat auch nicht gelächelt." Da meinte Oskar: „Ach, ich hatte vergessen, dass du nicht Katholik bist." So lernte man schon ganz früh, dass man irgendwie anders war.

Oskar war das einzige Kind in der Familie Gölitz und bekam zu Weihnachten allerhand große Geschenke. Eines Tages erhielt er ein Schaukelpferd. Es war ausgestopft und hatte ein echtes Pferdefell. Ich besaß so etwas nicht. Eines Tages sagte ich zu Oskar: „Hör' mal zu, dieser lange Schwanz ist ja gar nicht modern, man sollte ihn kürzen." Da wurde er sehr böse. Als er eines Tages weg war, schnitt ich mit einer Schere aus Vaters Geschäft einen halben Meter vom Schwanz ab. Als Oskar zurückkam, gab es ganz großes Geschrei. „Das Christkindchen wird dich schon kriegen!" meinte er. Wochenlang habe ich nicht in die Gölitz-Etage gehen können. Später vertrugen wir uns wieder.

Als ich etwa fünfeinhalb Jahre alt war, brachte mich mein Vater ins Kaiserbad an der Viktoriastraße, wo ich schwimmen lernen sollte. In der Mitte des Beckens hing ein langes Sicherheitsseil, das vom Schwimmmeister in der Hand gehalten wurde. Manchmal ließ er mich untergehen – es war nicht der beste Weg, schwimmen zu lernen. Meistens hatte ich nicht genug Geld, um eine eigene Umkleidekabine zu bezahlen. So musste ich mich vor Allen ausziehen und meine Kleidung aufhängen. Die jüdischen Jungen versuchten immer, ihre Beschneidung nicht sehen zu lassen und so zog man schnell sein Hemd über.

Eines Tages hatten mich wohl ältere Jungen beobachtet. Als ich aus dem Schwimmbad kam, überfielen mich drei oder vier mindestens Zehnjährige und stopften Pferdemist in meine Lodenmantelkapuze. Damals gab es mitten in der Stadt noch Pferdewagen. Meine Kleider stanken. Es war schockierend. Ich rannte nach Hause in den Laden. Mein Vater wollte mich natürlich aus dem Geschäft heraus haben. Er nahm mich mit herauf auf die obere Etage und fragte: „Hast du denen wenigstens auch etwas zurückgegeben?" „Nein", sagte ich, „ich bin gelaufen." Da gab er mir noch was auf das Hinterteil.

Wir jüdischen Kinder hatten eine eigene Jugendgruppe, den deutsch-jüdischen Wanderbund „Kameraden". In manchen Städten gab es politisch rechts stehende Gruppen, unsere Mönchengladbacher Gruppe stand links. Unser Führer, Alfred Katzenstein, war 18 Jahre alt, als ich ungefähr 14 war. Wenn wir wanderten, hieß das „auf Fahrt gehen". Wir hatten auch ein „Heim", ich glaube, es war auf der Albertusstraße. Nach dem Gottesdienst am Freitagabend gingen wir ins Heim, wo wir Kakao tranken und dann etwas vorgelesen bekamen, manchmal etwas aus der Bibel oder ein Märchen mit politischen Ideen darin.

Es war im August 1923, als Separatisten, die für eine vom Deutschen Reich abgetrennte Rheinische Republik waren, eine Versammlung in Mönchengladbach abhalten wollten. Ich war fünf Jahre alt und saß am Fenster unseres Schlafzimmers im ersten Stock unserer Wohnung über unserem Geschäft. Da hörte ich Schießen. Eine Gruppe von Separatisten marschierte fast unter meinem Fenster vorbei. Ich schaute auf die Straße: Die Marschierenden wurden von anderen, die wiederum gegen die Separatisten waren, vertrieben. Da fasste meine Mutter mich plötzlich am Kragen und zog mich aus dem Fenster zurück. Eines Tages ging ich beim Kaufhaus Hettlage an der

Innenansicht der Möchengladbacher Synagoge, um 1914. Quelle: Stadtarchiv MG 10/1270

Am rechten Ende der Häuserreihe ist hier noch das Eingangsportal zur ehemaligen Odenkirchener Synagoge zu sehen, die im hinteren Bereich des Hauses Mühlenstraße 24 – heute Zur Burgmühle – stand. Das Haus Nr. 24 schließt sich links an das Synagogen-Eingangsportal an.

Hindenburgstraße vorbei und hörte einen Mann und eine Frau französisch sprechen. Da sagte ich mir: Na, ich bin doch ein deutscher Junge und ich werde jetzt mal zuhören, vielleicht sind das Spione, die für die Separatisten arbeiten! Sie gingen zwei, drei Straßen weiter und ich folgte ihnen. Ich kam sehr spät nach Hause und die Eltern fragten: „Wo bist du denn gewesen?" Ich erzählte es ihnen und sagte: „Vater war schon im Krieg und ich will doch auch helfen!" Zum ersten Mal in meinem Leben war mir hier bewusst geworden, dass ich eben ein deutscher Junge war, der seinem Vaterland beistehen sollte.

Der Rabbi schrieb die Rede, die ich bei meiner Bar Mizwa am 21. März 1931 halten sollte [Jüdische Jungen werden mit vollendetem 13. Lebensjahr zur Feier der Bar Mizwa = „Sohn der Pflicht" gebeten. Es bedeutet religiöse Mündigkeit und die Pflicht, die Gebote der Tora zu beachten. Anm. d. Aut.]. Herr Feldmann, unser Vorsänger, übte mit mir, den kurzen Text aus der Tora vorzulesen. Am Samstag vor der Bar Mizwa brachte mich mein Vater zu einer Probe in die Synagoge. Dort gab es ein großes Pult, auf das man die Tora-Rollen auflegte und aus ihnen vorlas. Als ich dort stand, wurde ich plötzlich ohnmächtig. Vater trug mich heraus. Eine Woche später, am Tage meiner richtigen Bar Mizwa, ging es besser. Mutter, die sich sonst weigerte, wie vorgeschrieben in der oberen Galerie der Synagoge bei den Frauen zu sitzen, war an diesem Tage doch dort. Ich weiß nicht, wie die Bar Mizwa anderer Leute ausfiel. Unsere war ziemlich üppig. In der Kaiser-Friedrich-Halle gab es damals ein großes Fest mit zirka 100 Leuten. Wir saßen an einer großen Tafel und es wurden Reden gehalten. Onkel Oskar Levy illustrierte ein kleines Buch für meine Bar Mizwa mit wunderschönen Gedichten über mich.

Dr. Heinz D. Kirk (Kirchheimer)
Soziologe, Jahrgang 1918

Wir waren nicht sehr streng religiös. Am Sabbat wurden keine Kerzen angezündet. Aber ich durfte an diesem Tag nicht schreiben, nicht Fahrradfahren usw. In die Synagoge gingen wir nur an Feiertagen. Odenkirchen war eine Kleinstadt, es gab hier nur wenige jüdische Leute und nur eine kleine Synagoge. Gegessen wurde koscher. Ich erinnere mich, wie unser Mädchen manchmal ein Stück Blutwurst aß: Sie musste es auf ein Papier legen. Es war nicht erlaubt, die Wurst von Porzellan zu essen. Dass wir Juden waren, war etwas, was man wusste, aber nichts, worüber man besonders sprach. Die anderen Kinder machten mich erst darauf aufmerksam. Manche riefen „Jüd, Jüd, Jüd" hinter mir her. Bereits vor Hitler gab es bei uns eine Menge Antisemitismus, den ich als Kind schon spürte. Helga Barten war meine beste Freundin und evangelisch. Über eine andere Schulfreundin erzählte Helga mir: „Du weißt, Herta mag dich. Sie will ihre Mutter fragen, ob du zu ihr nach Hause zum Spielen kommen kannst. Aber sie weiß noch nicht, ob ihre Mutter es erlaubt." – „Wieso sollte sie nicht?", fragte ich. „Weil du jüdisch bist!", antwortete Helga. Ich wurde niemals eingeladen. Das war 1928, als ich zehn Jahre alt war.

In Mönchengladbach hatten wir einen Sportverein, den Makkabi, dem auch ich angehörte. Wir übten uns im Staffel- und 100-Meter-Lauf, Hoch- und Weitsprung, Speerwerfen etc. Es gab auch ein Handball- und ein Tischtennis-Team, bei beiden machte ich mit. Wir traten in Wettbewerb mit Makkabi-Teams aus anderen Städten. Manchmal kamen sie nach Mönchengladbach, ein anderes Mal fuhren wir nach Köln, Düsseldorf etc. Mein größtes Hobby aber war das Schwimmen. Das Freibad Bellermühle in Odenkirchen war wunderschön. Als es für Juden noch gestattet war, ein Schwimmbad zu besuchen, ging ich mit meiner Freundin Zissi Langen, die Katholikin war, dorthin. 1933, als ich 15 Jahre alt war, wurde eine Tafel am Schwimmbad Bellermühle aufgehängt: „Juden und Hunden ist der Zutritt verboten". In den Schaufenstern der Geschäfte gab es mit den Schildern „Deutsches Geschäft", „Juden nicht erwünscht", „Juden und Hunden ist der Zutritt verboten" etc. klare Hinweise darauf, ob der Besitzer ein Anti-Nazi, ein „so lala"-Nazi oder ein Nazi war. Dem Gesetz nach mussten die Schilder dort aufgehängt werden.

Ruth Lansing geb. Oberländer
Immobilienmaklerin, Jahrgang 1918

Meine Eltern Henriette und Albert Nathan hatten in Hilden gelebt, bevor sie 1921 nach Rheindahlen zogen. In Hilden war mein Vater Geschäftsführer eines Haushaltswarenladens gewesen, als er 1914 in die Armee eintrat. Nach dem Ersten Weltkrieg wollte er sein eigenes Geschäft haben. Er fand das Kaufhaus Esser an der Beecker Straße 11 in Rheindahlen und übernahm es, das Haus selbst wurde von meinen Eltern gemietet. Den Namen des Vorbesitzers behielten meine Eltern für das

Eine Geschäftsanzeige aus dem „Rheindahlener Volksblatt" vom 17. September 1921.

Geschäft bei: Kaufhaus Esser Inh. Albert Nathan. Wir verkauften Haushaltswaren, Porzellan, Waschmaschinen, Fahrräder, Geschenkartikel, zu Weihnachten auch Spielsachen. Unten war der Laden, oben wohnten wir. Anfangs hatten wir eine Verkäuferin, dann mehrere, am Ende – wegen der ausbleibenden Kundschaft – gar keine mehr. Auch mein Bruder und ich arbeiteten im Laden mit. Erich hatte eigentlich Chemie studieren wollen, aber mein Vater erwartete von ihm, dass er das Geschäft eines Tages übernehmen würde. Nachdem er sein Einjähriges [Mittlere Reife] abgelegt hatte, besuchte mein Bruder einen Geschäftskursus an der Höheren Handelsschule in Krefeld. Als guter Sohn fing er dann im Kaufhaus meiner Eltern an, um zu lernen, wie man erfolgreich ein Geschäft führt. Unglücklicherweise erhielt er später niemals die Chance, herauszufinden, was daraus hätte werden können.

In ihrer Kindheit waren meine Eltern noch sehr orthodox erzogen worden, entfernten sich aber später davon. Meine Familie ging hauptsächlich an den hohen Feiertagen Rosh Haschana und Jom Kippur in die Synagoge, nicht an Samstagen – so orthodox waren wir nicht. Manchmal gingen wir an solchen Tagen nach Rheydt, aber um den Rabbiner Dr. Gelles zu hören, fuhren wir zur Synagoge nach Mönchengladbach. Ich kannte nicht viele Leute dort, weil wir vor allem Kontakte in Rheindahlen hatten. Zwar gab es dort keine eigene jüdische Gemeinde, dafür aber die Verbindung mit der Rheydter Gemeinde. Als mein Bruder und ich in Gladbach zur Schule gingen, erhielten wir allerdings dort auch unseren Religionsunterricht. So wie es katholischen und evangelischen Religionsunterricht gab, wurde ich als Schülerin von Dr. Joachim Gelles in jüdischer Religion unterrichtet. Er war ein wundervoller Priester.

In Rheindahlen gab es nur eine jüdische Familie, mit der wir bekannt waren: Familie Harf. Sie hatte eine Metzgerei. Die einzigen, die ich sonst noch kannte, waren die Strauß' an der nächsten Ecke, aber Straußens waren ältere Leute und wir sahen sie nie. Ich spielte mit Kindern aus Rheindahlen. Keines von ihnen war jüdisch. Es hatte einfach keine Bedeutung.
Hilda Nathan
Buchhalterin/Lehrerin, Jahrgang 1918

Eduard Salmon als Soldat des Ersten Weltkriegs, um 1915.

Mein Vater Eduard, der am 2. Januar 1897 in Odenkirchen geboren wurde, hatte eine Lehre in der Textilbranche hinter sich, als er 1914 in den Ersten Weltkrieg zog. Aus dem Krieg mit Auszeichnungen zurückgekehrt, fuhr er zunächst über Land und verkaufte Anzüge. Später trat er in die Firma Weinberg & Co. als Teilhaber ein. Das Rheydter Einzelhandelsgeschäft befand sich damals an der Friedrich-Ebert-Straße,

Im Stofflager der Firma Weinberg & Co., deren Teilhaber Eduard Salmon (rechts) war.

fast an der Ecke Hauptstraße, hinten gab es einen Großhandel. An der Mönchengladbacher Hindenburgstraße betrieb Weinberg & Co. eine Filiale. 1923 heiratete mein Vater Senta Schloss, die aus einer Würzburger Weinhändlerfamilie stammte. Bessere Eltern hätte ich bestimmt nicht bekommen können, als ich am 2. November 1924 an der Bell im Stadtteil Odenkirchen geboren wurde – als einziges Kind, wie sich später herausstellte. Man plagte sich schrecklich ab, mich mit einer Zange ans Licht dieser Welt zu ziehen. Als es endlich gelang, hatte ich zwei kleine Dellen im Kopf sowie eine längliche, zusammengeklappte Nase, an der man wohl auch tüchtig gezogen hat. Wegen des Zuwachses zog meine Familie nach Rheydt, Bahnhofstraße 34, zu Herrn Wienand Jansen, dem besten Hausherrn, den man sich denken kann. Zu meinen frühen Erinnerungen gehören das freitägliche Bad in einer Zinkwanne – zwischen zwei Stühlen in der Küche aufgestellt, ein

hölzerner Eisenbahnzug, den mir Onkel und Tante aus Würzburg schickten, und Erzählungen meines Vaters aus seiner Zeit im Ersten Weltkrieg, in dem er an der deutschen Offensive im März 1918 teilgenommen hatte. Vater und Mutter waren gleichberechtigt, in allen wichtigen Fragen berieten sie sich gegenseitig. Meine Mutter führte den Haushalt und wir hatten immer eine Hausangestellte, die gleichzeitig Kindermädchen und Reinemachfrau war.

Meine Mutter stammte aus religiösem Haus, während mein Vater zwar auch bewusster Jude war, aber aus einem liberalen Haushalt kam. Das Judentum wurde bei uns erst Gesprächsstoff zur Hitlerzeit. Es gab eine Trennung von jüdischen und nicht-jüdischen Kindern, und andererseits auch wieder nicht. Einladungen erhielt ich meist in jüdische Häuser; die Kinder, mit denen ich in unserem Haus spielte, waren christliche Kinder. Ich ging jeden Freitagabend in die Synagoge und wir feierten zu

Hause Neujahr und den Versöhnungstag. Bei uns wurde zwar nicht koscher gekocht, aber Schweinefleisch kam nie auf den Tisch. Zu den Feiertagen gab es sehr gute Hausmannskost. Als besonders gut sind mir Karpfen mit Lebkuchensauce und Räucherzunge mit Meerrettich in Erinnerung geblieben. Meine Eltern tranken Wein, der bei uns im Keller lagerte. Ich hatte eine Vorliebe für Malzbier.

Etwa 1931 erhielt ich mein erstes Fahrrad. Wenn mein Vetter Egon und ich nicht durch Felder und Wälder radelten, ging es nach Düsseldorf, wo wir für zehn Pfennige ein Brötchen im Automatenrestaurant zogen. Nachdem wir die Hälfte genau abgemessen und aufgegessen hatten, war der Rückweg von 25 Kilometern nicht mehr allzu lang. Ich interessierte mich für Fußball, spielte ab und zu Tennis oder Schach und las sämtliche Bücher, die ich bekommen konnte. Vom Franz Schneider Verlag kannte ich alle, während ich Karl May nicht anrührte. An jedem zweiten Sonntag spielte ich in der Jugendmannschaft des RjF Fußball. RjF war der Reichsbund jüdischer Frontsoldaten. Diese stolze Gruppe Menschen, zu denen meine Eltern gehörten, war später die am meisten gefährdete. Denn bis zuallerletzt glaubten sie, dass ihnen nichts passieren könne. Erst später begriff ich, wie deutsch-national meine Eltern eingestellt waren. Sie waren stolz auf ihre Emanzipierung und wollten bessere Deutsche als die Deutschen sein.

Walter Salmon
Kaufmann, Jahrgang 1924

Unser Geschäft für Farben und Schreibwaren wurde 1884 von meinem Großvater Isaak Mayer in der Mühlenstraße 48 [heute Erzbergerstraße] gegründet. Um 1911 kaufte er das Eckhaus Johannesstraße 2 hinzu und vergrößerte das Geschäft. Mein 1885 geborener Vater Max hatte die Israelitische Volksschule Mönchengladbach besucht, erlernte dann das Anstreicherhandwerk und half schon als Junge im Geschäft seines Vaters mit. Im Hause meiner Großeltern Isaak und Florentina Mayer wurde viel gearbeitet, aber es ging dort auch sehr lustig zu. Bei zehn Kindern und zahlreichen Vettern und Cousinen gab es immer Spaß und stets einen Grund, etwas zu feiern. Manche Streiche wurden ausgeheckt, viel gesungen und getanzt. Alle Geschwister – fünf Mädchen und fünf Jungen, der älteste Sohn mein Vater – hatten gute Stimmen und so bildete sich bald ein Familienchor. Was wurde gesungen? Alle Volkslieder, aber auch Schubert und Schumann und zur Weihnachtszeit sang man, genauso wie die christlichen Nachbarn, die schönsten Weihnachtslieder. Von den zehn Kindern meiner Großeltern besuchte nur der Jüngste, Jupp oder Jösefchen genannt, die Höhere Schule und hatte Klavierunter-

Max Mayer (links) und sein Bruder Fritz in der Uniform des Ersten Weltkriegs.

Der Kaufmann Max Mayer erhielt auf Grund der Verordnung vom 13. Juli 1934 zur Erinnerung an den Weltkrieg 1914 / 18 das von Reichspräsident Generalfeldmarschall von Hindenburg gestiftete Ehrenkreuz für Frontkämpfer. M.Gladbach, den 27. April 1935.

richt. Als junger Mann sang mein Vater in der Gladbacher „Liedertafel".

Am 15. Februar 1915 wurde er als Ersatz-Reservist zum Heer eingezogen und kam an die russische Front, wo er bis zum 14. August 1917 blieb. Während der Gefechtspausen im Felde malte er Postkarten, zum Teil auf Birkenrinden. Offiziere „bestellten" Karten bei ihm und befreiten ihn dafür ein paar Stunden vom Dienst. Einige dieser Karten schickte er an seinen jüngsten Bruder Josef nach Mönchengladbach. Dann erkrankte mein Vater an Malaria und wurde bis zu seiner Entlassung Ende 1918 von der Front abgezogen. Zum Gefreiten befördert, erhielt er am 20. März 1917 das Eiserne Kreuz II. Klasse. Am 27. April 1935, also zwei Jahre nach der Machtübernahme durch das NS-Regime, überreichte ihm der Polizeipräsident der Stadt Mönchengladbach noch „im Namen des Führers und Reichskanzlers" das von Hindenburg gestiftete Ehrenkreuz für Frontkämpfer. Ich besitze heute noch diese Urkunde, auch das Eiserne Kreuz und ein Band, das wohl dazugehörte. Nachdem Großvater Isaak verstorben war, übernahm mein Vater 1919 die Firma. Das Geschäftspapier lautete auf 4 M: „Max Mayer, Mühlenstrasse, Mönchengladbach". Schreibwaren, die mein Großvater noch verkauft hatte, wurden nun ausverkauft und stattdessen Teppiche und Tapeten hinzugenommen.

Meine Familie mütterlicherseits stammt aus Köln. Ich selbst bin auch gebürtige Kölnerin. Meine Großmutter, Johanna Horn, hatte dort ein koscheres Hotel, in dem meine Mutter Berta bis zu ihrer Ehe mit meinem Vater tätig war. Am 18. Februar 1920 heirateten meine Eltern. Später

Auf der Postkarte „Gruß aus Mönchengladbach" ist das Mayer'sche Tapeten- und Farbengeschäft an der Ecke Erzberger- (früher Mühlenstraße) und Johannesstraße zu sehen, um 1936.

erzählte meine Mutter mir, sie sei damals ganz durcheinander gekommen mit den vielen jungen Leuten in dieser Familie Mayer. Mein Vater hatte viele Vettern, die alle Max, Josef, Hermann usw. hießen.

Da es die erste Hochzeit in beiden Familien nach dem Ersten Weltkrieg war, wurde ein großes Fest inszeniert. Hierzu eignete sich vorzüglich Großmutters Hotel „Goldener Stern". Aus Erzählungen weiß ich, dass die Frischvermählten frühzeitig zurückkommen mussten, da die Inflation meinen Vater zwang, sich wieder um sein Geschäft in Mönchengladbach zu kümmern. Er erzählte, dass unsere Kunden zum Schluss das Geld mit Koffern brachten, dieselben auf die Theke warfen und baten, sich selber zu bedienen.

Wir wohnten Johannesstraße 2 oberhalb des Geschäfts, meine Großmutter Mayer nebenan in der Mühlenstraße 48 [heute Erzbergerstraße]. Sie hielt sich oft im Geschäft auf, kannte viele der Kunden und diese unterhielten sich gerne mit ihr. Auch meine Mutter half häufig mit, besonders beim Oster- und Ausverkauf. Im Geschäft arbeiteten ständig mein Onkel Max Grünewald als Teilhaber im Büro und dessen Frau Jenny, eine Schwester meines Vaters, als Sekretärin. Die jüngste Schwester Johanna bediente in der Abteilung Polsterartikel, wo ich manchmal mithelfen durfte. Soweit ich mich erinnere, waren immer zwei junge Leute als Verkäufer tätig, die auch Botengänge und Lieferungen erledigten. Einer der Angestellten wurde als Schildermaler ausgebildet. Mein Vater hatte nicht nur das Malerhandwerk erlernt und konnte so sehr gut seine Anstreicherkäufer beraten, sondern auch die Malerkunstschule in Köln besucht. Alle Schilder wurden von ihm selber entworfen und ausgeführt. Auch übernahm er das Dekorieren der fünf oder sechs Schaufenster. Wenn neu dekoriert wurde, war mein Vater sehr beschäftigt und wir durften ihn auf keinen Fall stören! Er malte sehr schöne Landschaftsbilder bis in sein hohes Alter.

Beim Tapetenverkauf durfte ich auch schon mal mithelfen, und zwar rollte ich die Muster ein, die auf einem dazu bestimmten Gestell gezeigt wurden. Immer erzählte mein Vater die Anekdote von der Mutter, die gemeinsam mit ihrer Tochter für deren Wohnung Tapeten aussuchte. Sie konnten sich nicht entscheiden. Da meinte mein Vater, die Tochter solle sich doch auch einmal äußern, was ihr gefalle oder was sie sich wünsche. Woraufhin die Mutter sagte: „Sie macht sich nix aus Sprechen." Das ist bei uns zum geflügelten Wort geworden, wenn jemand allzu schweigsam ist.

Haus an Haus mit uns wohnte Familie Otten, die eine Fleischerei hatte. Wir kauften unser Fleisch aber nicht bei Ottens, weil es nicht koscher war. Irgendetwas anderes kaufte meine Mutter aber dort – saure Gurken? Vielleicht war das auch ein Vorwand, um ein Schwätzchen zu halten. Wenn wir unsere Mutter zu Otten begleiteten, bekamen wir Kinder heimlich ein Stück Wurst zugesteckt und – obwohl nicht koscher – schaute meine Mutter weg und wir verzehrten es mit Vergnügen. An der nächsten Ecke hatte Familie Flapp eine Bäckerei, wo wir Brot kauften und Bienenstich und Apfeltaschen. Auch Salmiakpastillchen gab es dort. Gegenüber war eine Weberei, man hörte die Arbeiterinnen Volkslieder singen. Ungefähr daneben befand sich ein Herrenfrisör. Mein Vater ließ sich dort die Haare schneiden und manches Mal rasieren. Die elektrischen Haarschneidemaschinen hingen an Kabeln auf einer Schiene. Das muss mich wohl sehr beeindruckt haben, dass ich mich noch daran erinnere! Dann gab es

Das jüdische Modehaus Samuel Bellerstein an der Hindenburgstraße, 1927. Nach dem Krieg befand sich hier Wico.
Quelle: Stadtarchiv MG 10/39779

noch ein Spezereiengeschäft. Dort bekam man Lakritz, damals so wichtig für Kinder wie heute Kaugummi oder Coca Cola. „Fifis Bananen", ein Großhandels-Depot, befand sich genau vis-à-vis. Gegenüber der Johannesstraße 2 lag das Polizeirevier No. 3. Mein Vater duzte sich mit dem Polizei-Obermeister Jansen. Im Sommer 1939 riskierte dieser Beamte viel, um uns zu helfen, die Einreisegenehmigung nach Argentinien zu bekommen. All dies existierte nicht mehr, als mein Vater 1953 zu Besuch nach Mönchengladbach kam.

Unser koscheres Fleisch kauften wir in der Metzgerei Hermann Rosen an der Weiherstraße, Kaffee und Tee bei Tengelmann oder in Kaiser's Kaffeegeschäft. Woher stammt eigentlich „Ting, tang, Tengelmann, wat jeht mich dingen Kaffee an?" Bei Beller-

stein [später Wico] an der Hindenburgstraße kaufte meine Mutter Kleidung, u.a. auch Bleyle-Anzüge für meinen Bruder, der diese Anzüge aus Wolle hasste, weil sie so auf der Haut juckten. Dann war da Tietz [jetzt Kaufhof], ein großer Anziehungspunkt auch für uns Kinder, hauptsächlich der Rolltreppen wegen. Über Woolworth, kurz vor dem Hauptbahnhof gelegen, beschwerte sich mein Vater sehr – und nicht nur er –, weil sie die Preise drückten. Wir Kinder kauften dort gerne allen möglichen Schnickschnack.

Obgleich ich am 5. November 1931 erst fünf Jahre alt war, kann ich mich erstaunlicherweise an die Diamantene Hochzeit der Eheleute Sibilla und Josef Steinhardt, eines Bruders meiner Großmutter, erinnern. Bei der nach 60 Jahren wiederholten Hochzeitszeremonie in der Gladbacher Synagoge, die als Auftakt des Festes stattfand, sollte ich zusammen mit größeren Mädchen der Gemeinde Blumen für das Paar streuen. Da stand ich nun in einem Vorraum mit mir unbekannten Mädchen und begann bitterlich zu weinen. Aus dem Blumenstreuen meinerseits wurde nichts. Wohl sagte ich später ein Gedicht auf. Der Festsaal in der Eickener Festhalle war so groß und ich so klein, dass man mich dazu auf eine Leiter stellen musste.

Häufig sah man katholische Prozessionen in den Straßen, bei denen zum Beispiel eine Heiligenfigur oder die Figur der Heiligen Mutter Gottes unter einem Baldachin getragen wurde. Bei einer solchen Prozession zog mich unser evangelisches Hausmädchen, Grete Rarich, einmal in einen Toreingang, damit sie als Protestantin und ich als Jüdin uns nicht zu knien oder bekreuzigen brauchten! Am Weihnachtsabend nahm Grete mich mit zu sich nach Hause, weil ich „Ärmste" doch keinen Weihnachtsbaum hatte. Bei den Rarichs stand ein riesiges Exemplar in der guten Stube, herrlich geschmückt. Es gab Weihnachtsgebäck und ein Bruder von Grete spielte

Anzeige der Tietz AG in der „Westdeutschen Landeszeitung" vom 5. November 1927 anlässlich der Wiedereröffnung beider Kaufhäuser in Mönchengladbach (ab 1934 Kaufhof AG in der Hindenburgstraße) und Rheydt. Quelle: Stadtarchiv MG 10/42266

Die fünf Brüder Mayer, von links: Hermann, Max, Fritz, Theo und Josef. Liesel Beins Vater Max war der älteste der Brüder.

Weihnachtslieder auf seiner Zither. Ich konnte alle Weihnachtslieder mitsingen. Aachener Printen und Spekulatius gab es bei meiner Familie Mayer natürlich auch.

Mein Bruder Jupp und ich hatten Roller, Rollschuhe, keine Fahrräder, aber einen Schlitten. Bei Schnee wurde auf der Johannesstraße gerodelt. Man zog den Schlitten einige hundert Meter herauf und größere Nachbarjungen halfen uns mit dem Antriebsschwung. Auch im Kaiserpark [an der Kaiser-Friedrich-Halle] wurde auf den hügeligen Wiesen gerodelt. Wenn der Weiher im Volksgarten zugefroren war, konnte man dort auch Schlittschuh laufen. Als ich mit zehn Jahren endlich meine heiß ersehnten Schlittschuhe bekam, wurde der Zugang zu öffentlichen Eislaufbahnen für Juden verboten. Ebenso die Benutzung des städtischen Schwimmbades, in dem meine Mutter sehr oft schwamm und wo auch ich schwimmen gelernt hatte. Da mein Vater im Ersten Weltkrieg Frontsoldat gewesen war, gehörten meine Familie und vor allem wir Kinder dem Reichsbund jüdischer Frontsoldaten RjF an. Wir turnten und hatten dort gemeinsame Spielnachmittage. Erst etwa 1937/38 wurde ich Mitglied des Makkabi, einer zionistischen Vereinigung, in der wir Sport trieben und Heimnachmittage hatten. Im Gegensatz zum RjF wurden dort mehr hebräische und zionistische Lieder gesungen.

Außer dem Kirchgang hatten wir alle Gewohnheiten unserer christlichen Nachbarn. Wir sangen dieselben Lieder, aßen – abgesehen von Schweinefleisch – die gleichen Gerichte wie Sauerkraut mit Wurst, Himmel und Erde, Kartoffelsalat mit Würstchen, Kartoffelpuffer usw. Wir lasen die gleichen Bücher und Zeitungen und machten dieselben Ausflüge und Spaziergänge, z.B. in den Hardter Wald und in die Eifel. Kürzere Spaziergänge führten uns in den Kaiserpark und zum Volksgarten. Dort trank man Kaffee, die Kinder Brauselimonade. Dazu wurde Weißbrot, Quark und Apfelkraut gereicht. Sonntags gab es Freilichtkonzerte unter einer Pergola, wo wir Kinder begeistert zuguckten. Ein sehr beliebter Ausflugsort war Schloss Rheydt, wohin man mit der Straßenbahn fuhr. Sogar unser Hund Stropp durfte manchmal mit. Er jagte Enten, die im Weiher schwammen. Das Wasser war mit Algen bedeckt und der arme Hund dachte, es sei Gras. Die Kaiser-Friedrich-Halle war ein weiterer Treffpunkt für einen Spaziergang, meine Eltern besuchten dort auch Konzerte. Wenn wir von einem Ausflug im Hochsommer kamen, durften wir manchmal in einer Eisdiele in der Nähe des Bahnhofs Eis essen. Dagegen war es uns streng verboten, ein Eis von den Verkäufern mit diesen Wägelchen zu essen, die manchmal in den Parkanlagen standen.

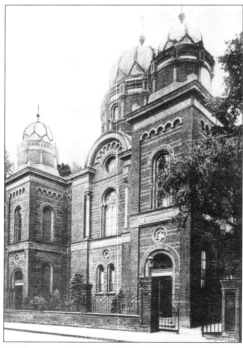

Die Synagoge an der Karlstraße 15/17, der heutigen Blücherstraße, um 1913. Sie wurde in der Pogromnacht vom 9./10. November 1938 zerstört. Quelle: Sammlung Stefan Purrio, Rheindahlen, im Stadtarchiv MG unter 10/46131

Regelmäßig spielte mein Vater Skat mit – wie ich glaube – jüdischen Freunden, entweder bei uns zu Hause oder im Hause der Freunde. Meistens begleitete ihn meine Mutter und die Frauen der Skatbrüder kamen auch zu uns. Innig befreundet mit unserer Familie waren die Schwestern Spillecke. Ihr Handarbeitsgeschäft im Lichthof war bekannt in Mönchengladbach. Ich besitze eine ganze Sammlung von Briefen und Postkarten, die hauptsächlich Frieda nach dem Krieg an meine Eltern sandte. Manche sind unterschrieben mit „Frimisi", dem Namenskürzel für die drei Schwestern Frieda, Milli und Isi.

Meine besten Freundinnen in Mönchengladbach waren Ilse Süßkind, Edith und Elfriede (Friedchen) Meyer. Wir spielten zusammen in den Elternhäusern, im Schulhof und trafen uns bei Spaziergängen. Ilse und Edith wurden mit 16 Jahren im Holocaust umgebracht, ob Friedchen überleben konnte, weiß ich nicht.

Bis zu unserer Auswanderung 1939 waren wir Mitglieder der jüdischen Gemeinde Mönchengladbach. Mein Vater sang an Festtagen im Synagogenchor und ich im Kinderchor der Gemeinde. Selbstverständlich gingen wir regelmäßig zum Gottesdienst und hielten zu Hause die Feiertage wie üblich. Freitagabends versammelte sich die Familie bei meiner Großmutter Tinchen Mayer. Ihr Wohnzimmer war oft zu klein für so viele Mayers, die Nüsse knackten, hausgemachte Kekse knabberten und ein Gläschen Wein dazu tranken. Der Freitagabend bot sich für ein Treffen an, wahrscheinlich weil alle Zeit hatten: An diesem Tag hörte man früher mit der Arbeit auf, selbst wenn man nicht zur Synagoge ging, denn alle jüdischen Feiertage, auch der Sabbat [am Samstag], beginnen am Abend vorher, beim Erscheinen des ersten Sterns.

Siegmund Mayer, ein Vetter meines Vaters, war ein lustiger Typ. Auch er kam öfter freitagabends zu meiner Großmutter.

Einmal suchte sie verzweifelt die Nussknacker. Da kam Onkel Siegmund und übergab seiner Tante Tinchen ein „tolles Geschenk". Was war im Paket? Die Nussknacker, die er in der Woche vorher „gestohlen" hatte. Er brachte ihr auch mal zwei Bilder mit. Die hatte er vorher bei uns abgehängt!
Liesel Bein geb. Mayer
Sekretärin, Jahrgang 1926

Zunächst wohnte meine Familie an der Blücherstraße 9 – in der Nachbarschaft der Synagoge. Bevor ich 1929 geboren wurde, zogen wir in das Haus Nr. 26 um, das mein Großvater erbaut hatte. Ein gesellschaftlicher Umgang mit Juden spielte in meinem christlichen Elternhaus zunächst keine Rolle. Man ging an der Synagoge vorbei und hatte keine besondere Beziehung dazu. Allerdings wusste man ganz genau: Das ist ein jüdisches Gotteshaus. Die Menschen, die dorthin gingen, waren ganz normal gekleidet und fielen nicht weiter auf. Man grüßte sich freundlich, aber das war alles. Erst während des Krieges lernte ich Mitbürger kennen, die Juden waren.
Hans-Georg Hollweg (nicht-jüdisch)
Kaufmann, Jahrgang 1929

Es war eine schöne, große Synagoge, ein wuchtiges und imposantes Gebäude mit seinen verschiedenen Türmen und der Kuppel oben. Sie erschien mir stets erdennäher als unsere evangelische Kirche an der Wallstraße mit ihrem hohen spitzen Kirchturm.
Dr. Arnd Hollweg (nicht-jüdisch)
Theologe, Autor u. Sozialpsychologe, Jahrgang 1927

Ich wurde am 17. Juni 1928 in Rheydt in dem schönen Haus an der Freiheitsstraße 31 geboren, welches heute noch dort steht. Meine Eltern waren der Rechtsanwalt Josef Joseph und Lilly Joseph, geb. Salmon, aus Odenkirchen. In den ersten Jahren meiner Kindheit bis 1933 spielte ich mit den Kin-

Das Elternhaus von Liesl Loeb in der Freiheitsstraße.

dern in der Nachbarschaft. Als sie mich dann nicht mehr ansahen und mich auch mit allerhand Namen riefen, die ich nicht verstand, spielte ich mit den Kindern der Freunde meiner Eltern. Besonders oft war ich im Haus von Dr. Theo Heymann, dem Sozius meines Vaters. Heymanns hatten vier Kinder und es ging dort immer sehr lebhaft zu. Zwar hatten wir keine koschere Küche, aber unser Haus war ein jüdisches Haus. Wir achteten die Feiertage und mein Vater hielt Kiddusch jeden Freitagabend vor einer besonderen Mahlzeit.
Liesl Loeb geb. Joseph
Grafikerin, Jahrgang 1928

Ich heiße Ruth Hermges, geborene Vergosen. Meine Eltern hatten eine so genannte Misch-Ehe, was für uns Kinder später in der Nazi-Zeit eine Erleichterung gegenüber den rein jüdischen Familien war. Mutter, eine geborene Levy, war Jüdin, mein Vater katholisch. Wir waren vier Geschwister: mein ältester Bruder Max, geboren 1927, im November 1932 kam ich, fünf Jahre später mein Bruder Hans, und 1938 meine Schwester Herta. Bis nach dem Krieg wohnten wir an der Brunnenstraße 177. Meine jüdischen Großeltern waren fromme Leute. Auch meine Mutter konnte noch Hebräisch lesen und sprechen. Ich habe das nicht mehr gelernt, aber meine Brüder konnten ein wenig Hebräisch. Vor dem Krieg wurde die Bar Mizwa meines Bruders Max gefeiert. An diesem Tag war bei uns „full house": Auch die Mutter und die Geschwister meines Vaters kamen. Die beiden Familien, obwohl katholisch und jüdisch, verstanden sich sehr gut. In meiner Familie hat das Thema Judentum sonst eigentlich keine große Rolle gespielt. Wir sind zum Beispiel nicht zur Synagoge gegangen. In diesem Sinne haben wir das nicht gelebt. Ich wusste zwar von meinen Eltern, dass wir Juden waren. Wirklich konfrontiert wurde ich mit dem Thema aber erst seit 1939. Allerdings waren wir alle Mitglieder der Jüdischen Gemeinde und nach dem Krieg kümmerte sich diese um uns. Ich persönlich bin heute kein frommer Mensch. Mir ist da überall zu viel Fanatismus drin.

Ruth Hermges geb. Vergosen
Selbstständige, Jahrgang 1932

Mein jüdischer Urgroßvater Max Leven, geboren 1875, besaß einen Schrotthandel mit Pferd und Wagen, wie es früher üblich war. Er fuhr über die Dörfer bis nach Jülich hin. Sein Sohn Otto – mein Großvater – übernahm den Schrotthandel und handelte nebenbei noch mit Pferden. Die Levens waren eine Familie von Händlern, die, wenn es nötig gewesen wäre, alles Mögliche verkauft hätten. Sie entsprachen wirklich dem Klischee des Juden. Als mein Großvater nach dem Krieg 1946 zurückkam, eröffnete er 1948 das Geschäft wieder. Mein Vater Manfred übernahm es 1972. Ich bin Christin bzw. Halbjüdin, da meine leibliche Mutter keine Jüdin ist. Ich bekam ein Gemisch aus allem Möglichen mit. Meine Eltern ließen mich auch taufen. Heute gehöre ich ganz bewusst keiner Religion mehr an, gehe aber von Zeit zu Zeit in die Synagoge.

Marion Öztürk, geb. Leven
techn. Angestellte, Jahrgang 1957

Ich meine, dass die meisten Juden, die vor der Nazi-Herrschaft unter uns lebten, sich in die deutsche Kultur integriert fühlten. Sonst wären ihre kulturellen und wissenschaftlichen Spitzenleistungen kaum denkbar.

Dr. Arnd Hollweg (nicht-jüdisch)
Theologe, Autor u. Sozialpsychologe, Jahrgang 1927

Die vierjährige Ruth Hermges im August 1937.

2. Schulzeit

An ihr Schülerdasein in den zwei jüdischen Volksschulen der früheren Gemeinden M.Gladbach und Rheydt erinnern sich die Zeitzeugen mal gerne, mal mit gemischten Gefühlen: Wie in Einrichtungen anderer Konfessionen ereigneten sich auch in der jüdischen Volksschule Rheydt an der Wilhelm-Strater-Straße 42 und in der Israelitischen Volksschule M.Gladbach an der heutigen Blücherstraße unangenehme Dinge, wie der Befehl des Lehrers Rosenbusch an den Schüler Kirchheimer, mal ganz schnell Frankreich auf der Karte zu zeigen, eine Aktion, die in einem Eklat und mit einer Tracht Prügel endete. Aber es gab auch besonders nette Lehrer, wie den jungen Kantor Mauri Neufeld, der das Thema Religion kindgerecht vermitteln konnte, und schulische Höhepunkte, wie die jährliche Chanukka-Feier im Rheydter Theater. Dass damals bis zu acht Schuljahrgänge in einem Klassenraum Platz fanden und ein einzelner Lehrer es fertig brachte, Unterricht für alle abzuhalten, können sich heute sogar die Zeitzeugen selbst kaum noch vorstellen. Aufgrund der geringen Schülerzahl funktionierte es irgendwie, vielfach gelang anschließend der Wechsel zu einem Gymnasium. Hatte es bisher „nur" gelegentliche Verbalattacken gegen jüdische Mitschüler gegeben, so wurde ihnen der Besuch weiterführender Schulen ab Mitte der 30er-Jahre unmöglich gemacht, durch Schmähungen, Rassenkunde und 1938 schließlich durch verordnete Schul-Entlassung. Um eine zahlenmäßige Vorstellung zu geben: Für 1935 bezifferte der Rabbiner Dr. Gelles die Zahl der jüdischen Schüler an vier höheren Lehranstalten im damaligen M.Gladbach auf 46 Mädchen und Jungen (siehe G. Erckens, Bd. 1, S. 479). Von den 16 jüdischen Schülern des Humanistischen Gymnasiums waren am 10. November 1938 noch fünf Jungen übrig. Bemerkenswert, dass die Zeitzeugen auch von Lehrern berichten können, die damals Mitleid mit den Kindern in Not zeigten. Die Israelitische Volksschule M.Gladbach und die Rheydter jüdische Volksschule, einst als Privatschulen gegründet und 1888 bzw. 1900 als öffentliche Schulen anerkannt, wurden 1941 an der Albertusstraße zusammengelegt und dort vom Rabbiner Max Heymann bis Anfang 1942 geleitet. Am 30. Juni 1942 wurden alle jüdischen Schulen im Reich geschlossen.

Eine Klasse der Jüdischen Volksschule Mönchengladbach, um 1927/28. Zweiter von links in der hinteren Reihe ist Heinz Kirchheimer, Siebter von links im Matrosenanzug Ernst Königsberger. Rechts steht Lehrer Josef Rosenbusch. Quelle: Stadtarchiv MG 10/40361

Unser Lateinlehrer [am Stift. Hum. Gymnasium], der alte Ordinarius Professor Ernst Brasse, hatte den Brauch eingeführt, seiner Klasse jeden Tag zu Beginn die Frage zu stellen: „Was gibt es Neues vom Kriegsschauplatz?" [gemeint ist der Erste Weltkrieg] Und dann meldete sich jemand und berichtete aus den letzten Nachrichten. Es wurde kurz darüber gesprochen und dann fing der Unterricht an. An diesem betreffenden Tag zeigte mein Mitschüler Karl Porzelt auf und sagte: „Im Kanal ist ein englischer Truppentransporter torpediert worden." „Ja", sagte Brasse, „ja, sehr gute Nachricht. Hoffentlich sind dabei recht viele ertrunken." In diesem Moment regte sich etwas in mir. Ohne nachzudenken zeigte ich auf und stotterte: „Darf man das denn eigentlich wünschen?" Da sah mich der gute Brasse einen Moment lang etwas verdutzt an und sagte dann: „Ach so, du meinst, das wäre nicht christlich?" Worauf ich antwortete: „Ich meine nicht menschlich." Er merkte, dass er sich verheddert und wurde rot. Das werde ich nie vergessen. Ich war der einzige jüdische Schüler und dann die Bemerkung – „Ach, du meinst, das wäre nicht christlich?"

Prof. Hans Jonas
Philosoph, Jahrgang 1903 († 1993)
zitiert aus „Erinnerungen", Insel Verlag

Ich wurde in die jüdische Volksschule an der Wilhelm-Strater-Straße eingeschult, unser Lehrer und Prediger war Max Heymann. Wir hatten nur einen großen Klassenraum für acht Schuljahrgänge, wobei mein Jahrgang 1915 der größte war. In der Volksschule lernten wir auch Hebräisch, immer donnerstags nachmittags. Alle unsere Gebete konnten wir in Hebräisch sprechen.

1925 kam ich zusammen mit vier anderen jüdischen Mädchen auf das Lyzeum an der Goeben-, später Pestalozzistraße. Das war damals schon viel. Oft gab es in einem Volksschul-Jahrgang nur einen Schüler oder eine Schülerin, die zur Höheren Schule abgingen. Den paar jüdischen Kindern

Klassenfoto des Stiftischen Humanistischen Gymnasiums, um 1913/14 mit Lehrer Ernst Brasse. Hans Jonas sieht man in der unteren Reihe rechts in einem hellen Anzug.

ging es nicht schlecht. Es waren allesamt Fabrikantenkinder oder ähnliches. Zuerst hatten wir drei Sexten [heutige 5. Klassen], nachher gab es nur noch zwei Klassen von jedem Jahrgang. In meiner Klasse war ich die einzige Jüdin.

Ich sollte auf alle Fälle einen Beruf erlernen und wollte Jura studieren. Hitler hat uns einen Strich durch die Rechnung gemacht. Als ich 1932 in der Unterprima war, musste ich mit der Schule aufhören, es war unerträglich geworden. Unter den Lehrern gab es ganz wenige, die noch nett waren. Als ich von der Schule abging, kam ich zu Vater ins Geschäft. Er sagte, es habe keinen Sinn, weiter in die Schule zu gehen. Wir wollten ja auch auswandern, was sollte ich noch in der Schule? Das „Dritte Reich" hat uns alles kaputt gemacht. Da wollte man weg aus Deutschland.
Liesel Ginsburg geb. Frenkel
Selbstständige, Jahrgang 1915

Der Rheydter Rabbiner und Leiter der jüdischen Volksschule, Max Heymann. Heymann meldete sich 1942 freiwillig für den nächsten Transport jüdischer Gemeindemitglieder und wurde mit seiner Familie am 24. April 1942 nach Izbica/Polen deportiert. Die Aufnahme entstand am 21. April 1942. Quelle: Stadtarchiv MG 10/39839

Von 1924 bis 1928 besuchte ich die Jüdische Volksschule an der Karlstraße – heutige Blücherstraße. Herr Wolf hatte die erste, zweite und dritte Klasse, Josef Rosenbusch unterrichtete die vierte und die darüber hinausgehenden. Eines Tages, als ich in der vierten Klasse war, hatten wir eine Geografiestunde. Eine sehr alte Landkarte von Europa wurde auf einen Ständer gehängt und nach oben gezogen. Rosenbusch forderte die Schüler auf, nach vorne zu kommen und sich vor oder neben der Landkarte aufzustellen. Er begann, verschiedene Kinder abzufragen. „Kirchheimer, wo liegt Frankreich? Zeige es mal!", forderte er mich auf. In diesem Moment schubste Hans Mannheimer mich plötzlich. Ich fiel nach vorne, durchbrach die alte, brüchige Karte und steckte mit meinem Kopf mitten in Frankreich. Rosenbusch „entfernte" meinen Kopf vorsichtig aus Frankreich, zog mich auf einen Stuhl und fing an, mich mit einem langen Stock zu prügeln. In diesem Augenblick klopfte es an der Tür und Fräulein Horbach, eine Erzieherin, trat ins Klassenzimmer. „Warten Se' mal, bis ich mit ihm fertig bin", sagte er nur zu ihr.

Auf dem Humanistischen Gymnasium wurden wir gut behandelt, meine Lehrer waren fair und ich hege den meisten gegenüber gute Gefühle. Wir hatten ein paar, die ich als Lehrer nicht leiden konnte, wie den Studienrat Becker, der Latein lehrte. Er „zauste" an den Haaren. Aber niemals begegnete mir durch sie Antisemitismus, auch nicht im ersten Jahr unter Hitler. In der Untersekunda, heute die 11. Klasse, mussten auch wir jüdischen Jungen beim Rassenkundeunterricht anwesend sein. In einem großen Raum, wie eine Art Hörsaal, wurden dazu mehrere Klassen zusammengebracht. Ein junger Referendar, der gerade seinen Dienst an der Schule aufgenommen hatte, zeigte Bilder von Cro-Magnon-Menschen. Es wurden diese Schädel gezeigt und dann jüdische Gesichter. Dies sei eine Abart der Natur. Er musste sagen, dass die Juden eben nicht in die rassische Welt von indogermanischen Menschen oder Slawen passten. Nach der Stunde wollte der Referendar die jüdischen Schüler sprechen. Der Mannheimer und ich, insgesamt etwa drei oder vier von uns, gingen zu ihm. Er stand mit uns zusammen und sagte: „Es tut mir sehr leid, was ich da gesagt habe über Juden. Ich weiß, das ist alles falsch." Leider müsse man das aber jetzt tun, um die Karriere in der Höheren Schule zu befördern. Indem er so mit uns sprach, riskierte der Mann etwas. Aber er wusste auch, dass wir wahrscheinlich nicht darüber sprechen würden. Wir waren doch isoliert. Er hatte Gewissensbisse, aber er war auch ein junger Mann, der weiterkommen wollte. Ich würde ihn nicht beschuldigen. Das Beispiel zeigt, wie schwierig die Situation war. Ich erinnere mich, dass meine Mutter für mich in diesem letzten Jahr 1934 an der Schule Entschuldigungen schrieb. Ich sei krank. Ja, ich war gefühlsmäßig krank. Es war furchtbar: Die Lehrer waren o.k. Aber sie wussten nicht, wie sie sich verhalten sollten, ohne gegen die neuen Weisungen zu verstoßen. Mein Klassenlehrer in der Obertertia und Untersekunda [heute 9. und 10. Klasse] war Dr. Brobeyl. Er war glänzend. Ich lernte gutes Englisch bei ihm, auch etwas Französisch. Ein wunderbarer Lehrer und ich verehrte ihn. Er war ohne Zweifel kein Nazi. Zuerst nahm er seinen Arm hoch und sagte nur „Guten Morgen". Anscheinend sprach man ihn deswegen an und so sagte er später „Heil Hitler!" Wir standen auf, wenn er in die Klasse kam, wir jüdischen Schüler hielten natürlich dann nicht den Arm hoch.

Der Mann, der mich während dieses letzten Jahres in Geschichte unterrichtete, war Kilian-Kuntz, die Schüler nannten ihn Kuntze-Kilian. Er machte Witze über die Preußenkönige, vor allem über den Alten Fritz. Später, als ich schon in England war, wusste ich warum: Weil er nicht gegen das Nazi-Regime reden konnte, trug er es über Friedrich den Großen aus.

Herbert Stienecke, ein Schulkamerad vom Huma, kam einen Tag oder zwei, bevor ich nach England gehen sollte, zu uns nach Hause. Er war in meiner Klasse, aber ich kannte ihn kaum. Ich glaube, wir hatten nie mehr als zwei oder drei Worte miteinander gesprochen. Deswegen war ich so überrascht, als er zu mir kam, um mir Auf Wiedersehen zu sagen. Wir gaben uns die Hand. Das war wunderbar für mich. Ich habe es nie vergessen. Als ich 1965 zum ersten Mal wieder nach Deutschland kam, ging ich zu meinem alten Gymnasium am Spatzenberg. Im Büro las ich in einer Festschrift die Namen

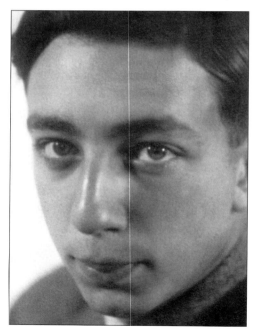

Heinz Kirchheimer zur Zeit seiner Emigration als etwa 16-Jähriger. Das Foto machte die jüdische Fotografin Lisel Haas aus Mönchengladbach um 1934.

all' der Leute, die im Zweiten Weltkrieg getötet, Opfer geworden waren. Darunter Stienecke. Man sagte mir, er sei in Russland gefallen.

1933/34 war ich mehr und mehr mit einem Klassenkameraden namens Peter Kamper bekannt gewesen. Er war Katholik. Was uns zusammenbrachte: Am Anfang der Nazizeit wurde er von Hitlerjungen überfallen, denn er hatte einen katholischen Jugendverband als Führer übernommen. Man bedrohte ihn, er solle das lassen. Eines Tages schlug man ihn ganz übel. Als das unter den Jungen der Klasse bekannt wurde, habe ich mich ihm zugewandt und wir trafen uns dann oft. Einmal sagte er zum Beispiel: „Weißt du, du musst jetzt lernen, ein Bier zu trinken!" Wir saßen in der Schänke am Alten Markt und tranken Obergäriges. Ich war ungefähr 15. Peter Kamper und ich schwänzten oft den Unterricht. Er konnte es sich eigentlich nicht leisten. Bei mir beachteten die Lehrer es nicht so, sie wussten, ich war unter Druck.

Dr. Heinz D. Kirk (Kirchheimer)
Soziologe, Jahrgang 1918

Ich besuchte vier Jahre lang die Katholische Volksschule Rheindahlen, dann von 1928 bis 1934 das Staatliche Oberlyzeum an der Lüpertzender Straße. Bis ich die Schule verließ, hatte ich in meiner Klasse am Oberlyzeum keine Probleme. Es gab dort außer mir noch drei andere jüdische Mädchen: Eva Loeb, Elli Katzenstein und Inge Ruben. Angst vor antisemitischen Übergriffen hatte ich in dieser Zeit niemals. Aber nach der Machtergreifung berief die Direktorin der Schule, Frau Dr. Bender, die als eine sehr gute Katholikin bekannt war, für den 1. Mai 1933 eine allgemeine Versammlung in der Schule ein. Dort erklärte sie, wie wundervoll die neue Regierung sei und beendete ihre Rede mit „Heil Hitler!" Das sagte mir genug. Zwar wollte die Direktorin, dass ich weitermachte bis zum Abitur, aber ich lehnte ab.

Aus dem Jahr 1892: Das Zeugnis der Israelitische Volks- u. Religionsschule M. Gladbach an der Karlstraße, der heutigen Blücherstraße, für Max Mayer.

Ich überlegte, dass eine weitere Ausbildung hier keine Zukunft haben würde und verließ das Lyzeum 1934 mit dem Einjährigen [Mittlere Reife]. Ich arbeitete dann zunächst zu Hause im Geschäft und ging von 1935 bis 1936 doch noch zur Höheren Handelsschule in Krefeld. Eigentlich hatte ich Lehrerin werden wollen, wahrscheinlich hätte ich mich für Musik und Geschichte entschieden.

Hilda Nathan
Buchhalterin/Lehrerin, Jahrgang 1918

Ich ging in eine evangelische Volksschule in Odenkirchen. Später besuchte ich das Lyzeum in Rheydt an der Pestalozzistraße. Nach der ganzen Propaganda, die es vor allem zu Anfang der Hitler-Zeit gab, waren

meine Mitschülerinnen nicht mehr ganz so nett. Alle gingen untergehakt über den Schulhof. Ich hätte es auch getan, aber niemand ist zu mir herüber gekommen. Sie sind immer auf die andere Seite gegangen. Mit Ausnahme eines Mädchens, das aus einer ganz armen Familie kam und ausgebesserte Kleidung trug. Sie war noch unbeliebter als ich. Etwa zwei Jahre lang war ich das einzige jüdische Mädchen auf der Schule. Dann kam ein anderes Mädchen dazu. Meine Lehrer blieben trotz der Propaganda freundlich und sehr wohlwollend. Aber es wurde schwieriger: Wir bekamen zum Beispiel Rassenkunde. Ich konnte das nicht mitmachen und so ging ich 1934, ein Jahr vor dem Einjährigen, als 15-jährige von der Schule. Nachdem ich die Schule verlassen hatte, arbeitete ich im Geschäft meines Vaters an der Corneliusstraße 82 mit. Es hieß Webstoff & Bekleidung GmbH und produzierte und verkaufte Arbeiter- und Herrenbekleidung, besonders Hosen.
Ruth Lansing geb. Oberländer
Immobilienmaklerin, Jahrgang 1918

Erwin Nussbaum war ein sehr netter, liebenswerter Klassenkamerad, still, bescheiden. Er war der einzige jüdische Schüler in meiner Klasse an der Oberrealschule, dem heutigen Hugo-Junkers-Gymnasium. Beim Religionsunterricht trennte man sich, aber darüber wurde nicht weiter gesprochen. Mit 16, 17 Jahren hatten wir Jungen andere Dinge im Kopf als die Religionszugehörigkeit. Am Morgen des 10. November 1938, nach der so genannten Kristallnacht, kamen wir Schüler wie immer gegen Viertel vor acht in der Schule an. In der Peltzerstraße, die vom Hugo-Junkers-Gymnasium direkt auf die Wilhelm-Strater-Straße führte, herrschte große Aufregung. An der Ecke Wilhelm-Strater- und Peltzerstraße befand sich die Synagoge. Hier sahen wir dunklen Qualm, Feuerwehrwagen, Polizisten und einige SA-Männer in Uniformen. Wir liefen hin, wurden aber von der Polizei gebremst: „Stopp, hier kommt keiner heran!" Die Synagoge selbst konnten wir erst zwei Tage später als Brandruine sehen. Bis zu diesem Zeitpunkt war sie für uns gesperrt. Daraufhin gingen wir zurück in die Schule, wo über das Ereignis natürlich palavert wurde. Wir waren damals in der Obersekunda, der heutigen 11. Klasse. An diesem Morgen saß der kleine Erwin Nussbaum noch mit uns zusammen und nahm normal am Unterricht teil. Am nächsten Tag fehlte er ohne Entschuldigung oder irgendeine Angabe von Gründen. Ich sah ihn nie mehr wieder. Den Vater Karl – er war unverkennbar wegen seiner auffallend stattlichen Erscheinung – habe ich später noch häufiger gesehen.

Über diese Vorgänge sprachen wir mit unseren Lehrern in der Schule eigentlich überhaupt nicht. Das hing sicher damit zusammen, dass sie sehr stark deutschnational eingestellt waren. Sie hielten sich in allem sehr zurück. Seitdem Rektor Matthäus an der Schule wirkte, waren wir sehr stark „ausgerichtet". Wenn Feiern stattfanden oder Rundfunkübertragungen, wurde dem Direktor „gemeldet": Alle mussten aufstehen und der älteste Lehrer, unser Turnlehrer, sagte: „Stillgestanden, Augen rechts. Ich melde dem Herrn Direktor." Er meldete also, die ganze Schule stehe komplett zu einer Übertragung oder irgendeiner Feier bereit. So ging das damals zu.
Hans Segschneider (nicht-jüdisch)
Lehrer, Jahrgang 1921

Mit einer Riesentüte zog ich 1931 in die jüdische Volksschule an der Wilhelm-Strater-Straße ein, deren einziger Lehrer Rabbiner Max Heymann war. Acht Klassen in einem Raum, ein kleiner Schulhof und nebenan die Synagoge. Wir interessierten uns mehr für Hitzefrei und Kirmes als für die politischen Ereignisse, die Kindern in diesem Alter eigentlich schnuppe sind. Als ich zu Ostern 1935 in meine neue Schule ging, das Hugo-Junkers-Gymnasium, früher Oberschule für Jungen, trat ich in eine Welt ein, vor der ich erstmals Angst bekam. Man hatte uns Juden vorher manchmal beschimpft, aber zu Tätlichkeiten war es bisher nicht gekommen. Das änderte sich jetzt. Es war mir bisher nicht bewusst geworden, dass es verschiedene Menschen auf der Welt gibt. Ich hatte mit meinen zehn Jahren nur Gutes, nichts Böses erfahren. Ich wusste nichts von Arm und Reich und bestimmt nichts von Juden, Negern, Zigeunern und der Herrenrasse.

Die Oberschule besuchten etwa 500 Jungen, darunter waren drei Juden: der Sohn des Rabbiners und Lehrers, Walter Heymann, mein Vetter Egon Salmon und ich. Meinen Klassenlehrer Studienrat Abendroth, einen Oberleutnant aus dem Ersten Weltkrieg, werde ich niemals vergessen: seine Güte, sein Verständnis, sein Mitgefühl. Einfache, aber feine Leute waren Rechenlehrer Heinrich Schippers und Lateinlehrer Fitzer sowie Französischlehrer Studienrat Volland. Die restlichen waren Parteileute, aber erträglich, mit Ausnahme des Turnlehrers. Was die Mitschüler anbetraf, gab es wirkliche Freunde, andere, die sich fern hielten und die, die hetzten. Herr Abendroth bestellte mich am ersten Tag zu sich und beruhigte mich, sagte mir, dass ich ab jetzt die Hand zum deutschen Gruß erheben müsse, denken könne ich mir dabei, was immer ich wollte. Allen Schülern wurde erklärt, dass wir nicht lateinische Buchstaben, sondern Sütterlinschrift [1941 abgeschafft] schreiben und keine Fremdwörter gebrauchen sollten. Im selben Jahr wurden die Nürnberger Gesetze verabschiedet und unsere treue Hausangestellte musste entlassen werden.

Ich trug mit Stolz meine dunkelblaue Sextanermütze, obwohl man mich nur zu oft fühlen ließ, dass ich nicht dazugehörte. Auf dem Nachhauseweg lauerte man uns

Julius Streichers aggressives antisemitisches Hetzblatt „Der Stürmer" erschien seit 1923. 1938 hatte es mit einer Million Exemplaren seine größte Auflagenhöhe.
Quelle: bpk Berlin

jüdischen Schülern auf und manchmal kam es zu Schlägereien. Ich konnte mir etwas Respekt verschaffen: Der Judenjunge war klein, aber sehr kräftig. Nicht, dass ich nicht schreckliche Angst hatte. Aber ich wollte beweisen, dass man mich nicht wehrlos verhauen konnte. Gleich an der früheren Augustastraße [heute Brucknerallee] hing der gefürchtete rote Kasten mit der „vornehmen" Zeitung des Herrn Streicher, der „Stürmer". Schuljungen führten mich immer wieder hin, damit ich schon in ganz jungen Jahren über Untermenschen und Rassenschande Bescheid wisse. Ich war so jung, dass ich das Ganze wohl nicht richtig begreifen konnte. Die zuerst meine Freunde gewesen waren, bekamen Angst, da sie als Judenfreunde auch belästigt wurden. Nur ganz wenige, wie meine Mitschüler Schiller, Knabben und Müllges, hielten unbeirrt zu mir.

Im nächsten Jahr mussten die beiden anderen jüdischen Schüler von der Schule, da ihnen das Leben unmöglich gemacht wurde. So war ich der letzte jüdische Schüler des Hugo-Junkers-Gymnasiums. Als ich 1938 in die Untertertia [8. Klasse] kam und die Klasse geteilt werden sollte, hatte mein lieber Ordinarius die gute Idee, mich in den Teil B zu stecken, den er als geeigneter für mich ansah. Welch ein Irrtum: Die Klasse B fühlte sich hintergangen, dass ihr der Jude zugeteilt wurde, und am ersten Tag flogen die Zeichenblöcke nur so um meinen Kopf.

Mein letztes Schulerlebnis war ein Schulausflug, bei dem es zu einem Boxkampf kam. Mein Gegner wurde durch einen großen Teil der Klasse angefeuert. Aber auch ich hatte meine Anhänger. Ich ging ziemlich zerschlagen als Sieger hervor. Dann folgte der Rausschmiss aus der Untertertia. Meine Eltern glaubten immer, dass sich alles wieder ändern werde. Die Anfeindungen gegen Kinder waren zumindest in meinem Fall nicht lebensgefährlich.

Inzwischen war uns so ziemlich alles verboten worden, das Schwimmen in öffentlichen Bädern zum Beispiel. Deshalb fuhr ich zum Baden mit dem Rad nach Venlo im nahen Holland. Oder ich blies meine Nasenflügel auf und wagte mich in die Ausstellung „Schaffendes Volk" auf dem alten Messegelände in Düsseldorf oder doch noch zum Schwimmen in eine andere Stadt. Mit aufgeblasenen Nasenflügeln, so redete ich mir ein, sähe ich nicht so jüdisch aus. Einmal fand ich beim Tauchen ein goldenes Armband, das ich beim Bademeister abgab. Ich wurde als ehrlicher deutscher Junge gefeiert.

Walter Salmon
Kaufmann, Jahrgang 1924

1932 kam ich in die Jüdische Volksschule an der Konkordiastraße [ehemalige Karl-, heutige Blücherstraße]. Die ersten drei Jahre erlebte ich unter der Leitung von Rudolf Demant, der die unteren drei Klassen unterrichtete. Die Schülerzahl war sehr gering, sodass das 1. bis 3. Schuljahr in einem einzigen Klassenraum und das 5. bis 8. Schuljahr in einem anderen unterkamen. Ich weiß wirklich nicht, wie unsere Lehrer es fertig brachten, Disziplin zu halten und jeden Jahrgang weiter zu fördern. Ab 1935 bis Ostern 1936 war mein Lehrer Ferdinand Erlebacher. Als wir bis zur Zahl 1.000 zählen lernten, ließ uns dieser Lehrer auf Kästchenpapier 1.000 Pünktchen zeichnen, fünf pro Kästchen. Die Mutter meiner Freundin Friedchen Meyer kam am anderen Tag aufgeregt zur Schule: „Wenn sie meiner Friedchen nochmal solche Aufgaben geben, schicke ich sie acht Tage nicht zur Schule!"

Die Jüdische Volksschule erteilte auch Religionsunterricht. Besonders beliebt waren Lehrer Günther Gassenheimer und Kantor Mauri Neufeld. Diese jungen Leute konnten sehr gut mit Kindern umgehen. Günther Gassenheimer organisierte The-

Walter Salmon mit seinem Vater Eduard in Karlsbad, um 1933/34.

1936 unternahmen vermutlich das 3. und 4. Schuljahr der Jüdischen Volksschule Mönchengladbach einen Ausflug zum Drachenfels. In der Mitte, stehend mit Feldflasche und Hosenträgern, Herbert Gans, links daneben Liesel Mayer mit Querriemen über der Brust. Der kleinere Junge rechts neben Herbert Gans ist Helmut Willner, etwas hinter ihm sieht man Ilse Heymann, daneben Liesels Freundinnen Friedchen Meyer im gemusterten Kleid mit Querriemen sowie Ilse Süßkind, etwas größer, das Gesicht halb verdeckt. Der Mann hinten in der Mitte mit Brille ist Lehrer Günter Gassenheimer.

atervorstellungen und mit Mauri Neufeld gingen wir jeden Samstagvormittag nach dem Gottesdienst ins Gemeindehaus zum Oneg Schabat [Sabbatfest], wo zunächst ein Segensspruch über Wein und Brot stattfand. Dann wurde gemeinsam gesungen und gespielt. Der „Wein" war Rosinenwein und wurde in winzigen Gläschen serviert, das geflochtene Weißbrot brach Kantor Neufeld in kleine Stücke, die wir Kinder mit Wonne verzehrten, als sei es der herrlichste Kuchen. Ich ging selbstverständlich zu Fuß zur Schule: Erzbergerstraße, Bahnunterführung, Bismarckplatz, über die Hindenburgstraße, Albertusstraße, Kaiserplatz [heute Adenauerplatz], Blücherstraße. Natürlich machten wir ab und zu „Schellemännchen", wie alle Kinder, was von unseren Eltern sehr gerügt und bestraft wurde, wenn sie es erfuhren.

Da ich 1936 nach Abschluss des 4. Schuljahres als Jüdin nicht mehr in einem öffentlichen Gymnasium in Mönchengladbach angenommen wurde, schulte man mich in Köln in die Jüdische Höhere Schule „Jawne" ein. Ich wohnte bei meiner Großmutter, Perlenpfuhl 5. Mitte 1937 erkrankte sie, sodass ich wieder nach Mönchengladbach zurück auf meine alte Volksschule ins zweite Halbjahr des 6. Schuljahres kam. Als mein Vater sich 1938 gezwungen sah, sein Geschäft zu verkaufen, zogen wir Mitte des Jahres nach Köln in das Haus meiner Großmutter. Da nun aber inzwischen die Jüdische Höhere Schule „Jawne" nicht mehr existierte, kam ich auf die Israelitische Volksschule zu Köln in der Sankt-Apern-Straße, wo ich bis zu unserer Auswanderung im Oktober 1939 blieb. Ich besitze Zeugnisse und Zeugnishefte von allen drei

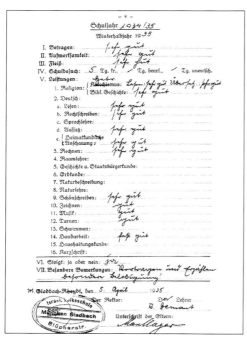

In fast allen Fächern sehr gut: Liesel Beins Zeugnis aus dem Schuljahr 1934/35.

Schulen. Mein jüngerer Bruder blieb in Mönchengladbach, bis auch er Mitte 1938 in die Israelitische Schule eingeschult wurde. Jupp hatte übrigens in Gladbach den jüdischen Kindergarten besucht, den es zu meiner Zeit noch nicht gab.
Liesel Bein geb. Mayer
Sekretärin, Jahrgang 1926

Ich ging in die Jüdische Volksschule in Rheydt. Der Lehrer dieser Schule, Max Heymann, hielt auch den Gottesdienst in der Rheydter Synagoge ab, wohin mein Vater mich jeden Samstag mitnahm. Unsere Schule gab bis zur Hitlerzeit jedes Jahr eine festliche Chanukka-Vorstellung im Rheydter Theater. Nach 1933 fanden diese Vorstellungen in dem einzigen Raum der jüdischen Schule statt. Chanukka ist ein Fest, das ungefähr um dieselbe Zeit gefeiert wird wie Weihnachten, ein Fest der Freiheit: Als in biblischer Zeit der Tempel in Jerusalem von Feinden zerstört worden war, kam ein Held namens Judas Maccabeus mit seiner Armee, siegte über die Feinde und säuberte den Tempel. Er fand aber gerade nur so viel Öl, um die ewige Lampe, die immer brennen soll, einen einzigen lang Tag leuchten zu lassen. Das Wunder, so sagt der Text, bestand nun darin, dass die Lampe acht Tage lang mit dieser kleinen Portion Öl brannte, bis mehr herbeigeschafft wurde. Daher zünden wir an den acht Tagen dieses Festes bunte Kerzen an – jeden Abend eine Kerze mehr, bis am achten Tag alle Kerzen in der Menora erleuchtet sind [Die achtarmige Menora ist eine spezielle Chanukka-Menora, d. Aut.]. Für Kinder sind die Geschenke der beste Teil des Festes.
Liesl Loeb geb. Joseph
Grafikerin, Jahrgang 1928

Unsere jüdische Volksschule befand sich zum Zeitpunkt meiner Einschulung an der Albertusstraße, wo heute die jüdische Kultusgemeinde untergebracht ist. Das war ein Notbehelf für die Israelitische Schule an der Blücherstraße, die beim Brand der Synagoge ebenfalls zerstört wurde. Ich war nur ein Jahr lang Schülerin, dann war für mich meine Schulzeit beendet: Die jüdische Schule wurde geschlossen und eine andere Schule hätte mich nicht genommen. An der Brunnenstraße gab es allerdings eine Volksschule, in der ein Lehrer meinen Eltern wohl angeboten hatte, mich aufzunehmen. Aber dazu waren meine Eltern viel zu ängstlich. Um dem Mann Schwierigkeiten zu ersparen, sagte meine Mutter: „Nein, das machen wir nicht." Auch später, nach dem Krieg, hatte ich keine Möglichkeit mehr, zur Schule zu gehen. Ich hätte mit 12 oder 13 Jahren ins 1. Schuljahr gehen müssen und wie ich mich kenne, hätte ich mich dagegen gesträubt aus Angst, ausgelacht zu werden.
Ruth Hermges geb. Vergosen
Selbstständige, Jahrgang 1932

3. Das „Dritte Reich"

Die ersten bösen Anzeichen für die Ausgrenzung der jüdischen Mitbürger nach dem Machtantritt der Nationalsozialisten 1933 konnten fürsorgliche Eltern von dem ein oder anderen unserer Erzähler, die damals Kinder waren, noch fernhalten. Doch unübersehbar wurde bald auch für jedes Kind, dass Kunden das elterliche Geschäft nur noch durch die Hintertür betraten und schließlich ganz wegblieben. Je nach Alter empfanden die Zeitzeugen ihre Kindheit noch bis etwa 1936 als glücklich, während die Älteren den Tag der Machtübernahme durch die NSDAP am 30. Januar 1933 und den Boykott jüdischer Geschäfte, Anwaltsbüros und Ärztepraxen am 1. April 1933 schon bewusst als Anfang vom Ende erlebten. Das Vorgehen der NS-Machthaber gegen die jüdischen Mitbürger gipfelte vorläufig in der Nacht vom 9. auf den 10. November 1938, der von den Nazis so genannten „Kristallnacht", die für viele der Befragten „das Ende meiner Kindheit" markiert. Söhne und Töchter erlebten geschockt, wie unbescholtene Väter verhaftet, die Synagoge zerstört, Geschäfte und Wohnhäuser ungestraft geplündert wurden.

Am 24. April 1933 hatte sich eine Menschenmenge auf dem Rheydter Marktplatz versammelt, um Joseph Goebbels (nicht im Bild) vom Rathaus aus sprechen zu hören. Quelle: Stadtarchiv MG 10/6264a

Die Machtergreifung der Nazis am 30. Januar 1933 habe ich in Form von riesigen Fackelzügen in Erinnerung, die sich von unserem Fenster an der Bahnhofstraße aus gesehen wie eine enorme, nicht enden wollende Masse runder Teller in Schwarz und Braun in schnurgeraden Linien im Schein der Flammen fortbewegte. Der Besuch von Goebbels im offenen Auto in Rheydt, seiner Heimatstadt, hat sich mir ebenfalls eingeprägt.
Walter Salmon
Kaufmann, Jahrgang 1924

Joseph Goebbels besuchte seine Geburtsstadt Rheydt mehrmals im Jahr. Wenn das geschah, wurde die Schule geschlossen und jedermann musste zum Marktplatz, um seinen Hetzreden zuzuhören. Zuletzt wurde ich davon befreit, eine Stunde oder länger mit erhobenem Arm dort zu verbringen, wie die anderen es mussten.
Ruth Lansing geb. Oberländer
Immobilienmaklerin, Jahrgang 1918

In der Nacht vom 30. auf den 31. Januar [1933] fand in der Kaiser-Friedrich-Halle ein großer Karnevalsball mit Kostümen statt – es war Faschingszeit. Ich war dabei, weil Karneval jenseits aller Konfessions-, Partei- und Klassenunterschiede gefeiert wurde. Und während wir dort feierten, tranken und tanzten, verbreitete sich im Saal die Kunde, Hitler sei zum Reichskanzler ernannt worden. Ich weiß noch, wie ich nach Hause kam und zu meiner Mutter sagte: „Gott sei Dank. Endlich ist es soweit. Das ist die einzige Art, wie wir diese Pest wieder los werden. Die werden innerhalb weniger Monate abgewirtschaftet haben."
Prof. Hans Jonas († 1993)
Philosoph, Jahrgang 1903
zitiert aus „Erinnerungen", Insel Verlag

Nachdem Hitler an die Macht gekommen war, standen am 1. April 1933 SA-Leute mit Plakaten „Kauft nicht bei Juden!" an unserem Laden an der Hindenburgstraße 159. Für mich war das der Anfang vom Ende. Es dauerte aber nur einen Tag lang an. Da waren zwei oder drei SA-Männer, die nur uns, die Bewohner, ein- und ausgehen ließen. Sie bedrohten uns nicht direkt, aber wir fühlten uns hilflos. Nur wenige Leute kamen ins Geschäft. Sie mussten neben den SA-Männern oder zwischen ihnen hindurch gehen. Ich kann mich nicht an eine einzige Unterhaltung dazu beim Abendbrot erinnern. Was immer Vater und Mutter darüber sprachen, wurde nicht öffentlich am Tisch gesagt. Wenn ich über diese Zeit in Deutschland nachdenke, ist mir klar, dass wir Juden uns doch manchmal nicht ganz zu Hause fühlten, selbst wenn es uns wirtschaftlich gut ging. Wir wussten, dass „jüdisch" nicht nur als Religion, sondern auch als Volkstum oder – in der Sprache der Nazis – als Rasse angesehen wurde. Ich fühlte schon als 13- und 14-Jähriger, also bereits vor der Nazi-Zeit, dass es da so eine unklare Sache in Bezug auf unsere Religion gab. Wenn man von Katholiken oder Protestanten sprach, schien es mir damals anders, als wenn man von Juden redete. Wir wollten aber glauben, dass wir als Juden gleichberechtigte Bürger waren. Und dem Gesetz nach waren wir es ja auch: Die Weimarer Gesetze beschützten uns doch. Trotzdem kann ich mich nicht daran erinnern, dass ich zum Beispiel in nicht-jüdische Familien zu Geburtstagen eingeladen wurde – außer in Oskar Gölitz' Familie, die in unserem Haus wohnte.
Dr. Heinz D. Kirk (Kirchheimer)
Soziologe, Jahrgang 1918

Bis 1936 war meine Kindheit glücklich und ungetrübt. Ich kann auch nicht sagen, dass ich in der nun folgenden Zeit unter Antisemitismus zu leiden gehabt hätte, abgesehen von einzelnen Vorfällen, wie z.B. dem Verbot für Juden, auf öffentlichen Plätzen Schlitt-

SA-Angehörige als Boykottposten – hier vor dem Berliner Kaufhaus Tietz – wurden am 1. April 1933 überall im Deutschen Reich vor jüdischen Geschäften, Arztpraxen und Rechtsanwaltkanzleien aufgestellt. Quelle: bpk Berlin

schuh zu laufen. Was meinen Eltern passierte, erfuhr ich erst später aus Erzählungen. Sicherlich hatten sie schon ab 1933 Erlebnisse mit dem Antisemitismus. Jedoch wurde vor uns Kindern nicht darüber gesprochen. Ich denke sogar, dass dies absichtlich geschah. Dadurch hatten wir eine sorglose Kindheit. Man glaubte auch, Hitler werde sich nicht ewig halten. Das deutsche Volk, ein gebildetes, kultiviertes Volk, wird doch so einen Mann nicht lange an der Macht lassen! Keiner nahm es ernst und was später geschah, war einfach nicht vorstellbar.

Die judenfeindliche Diskriminierung durch das NS-Regime nagte insgesamt nicht an unserem Selbstbewusstsein. Wir hatten unseren Kreis, in dem wir uns frei bewegten. Diese Dinge wurden auch durch den familiären Zusammenhalt aufgefangen. Und ich muss den Gladbachern zugute halten, dass ich auf der Straße nie als Jüdin belästigt wurde. Wir Kinder wurden von der Bevölkerung in Mönchengladbach nicht angefeindet.

Es mag gegen Ende 1937 gewesen sein: Die BDM'lerinnen [Bund deutscher Mädel], die durch die Straßen marschierten, beneidete ich geradezu. Wegen der Lieder, die sie beim Marschieren sangen, wegen der hübschen Uniform und vielleicht auch einfach, weil ich nicht dazugehören konnte. Aber um diese Zeit fragte ich noch nicht. Selbstverständlich konnte ich das Horst-Wessel-Lied [ein Kampflied der SA] singen, weil man es überall hörte. Was verstand ich schon mit acht oder neun Jahren von der Rotfront und der Reaktion? Sogar ein antisemitisches Lied kannte ich und dachte wahrscheinlich, dass es ein Scherz sei. In unser Geschäft kam öfter eine Kundin mit ihrer Tochter in meinem Alter. Ich beneidete das Mädchen glühend um die schönen Schuhe, die es zur BDM-Uniform trug. Wir waren uns beide sehr sympathisch, unterhielten uns und freundeten uns an. Eines Tages fragte ich meine Mutter, ob ich das Mädchen nicht einmal einladen könnte. „Nein", sagte meine Mutter,

„du kannst kein christliches Mädchen zu dir nach Hause einladen." Ich verstand das gar nicht. Es war ein Schock und eigentlich das Erste, was ich von der Diskriminierung spürte. Ich nahm natürlich auch wahr, was im Geschäft meines Vaters vor sich ging: Dass einige unserer Kunden aus Angst, beim Einkaufen in einem jüdischen Geschäft gesehen zu werden, nicht mehr den Haupteingang benutzten, sondern durch unseren Privateingang an der Johannesstraße über den Hof ins Geschäft kamen. Am 1. August 1938 verkaufte mein Vater das Geschäft an Karl Peters, Eickener Straße 133, der mit seinem Schwager Wendehorst ein ähnliches Geschäft, auch an der Mühlenstraße [heute Erzbergerstraße] betrieb.

Als wir die jüdischen Zunamen „Sara" und „Israel" bekamen, nahm ich dies als Zwölfjährige wohl kaum zur Kenntnis. Meine Eltern sicher schon, weil sie dadurch als Juden noch mehr gebrandmarkt wurden. In der Geburtsurkunde meiner Mutter steht am Rand unter dem Datum 2. März 1939: „Das nebenverzeichnete Kind Berta Horn führt auf Grund der Verordnung vom 17.8.1938 zusätzlich den Vornamen Sara."

Es muss Mitte 1938 gewesen sein, als ein Teil unseres Kellers im Hause Johannesstraße 2 als Luftschutzraum hergerichtet wurde. Ein Eimer mit Sand musste dort stehen, ein paar Schaufeln, Decken, Sitzgelegenheiten und vielleicht auch Lebensmittel in Konserven. Die Kellerfenster wurden verdunkelt. Dasselbe gab es natürlich auch in Köln bei meiner Großmutter, mit dem Unterschied, dass für Juden in den Häusern, in denen auch Christen lebten, ein spezieller „Juden-Luftschutzkeller" eingerichtet werden musste. Da dies im Haus meiner Großmutter mit den nicht-jüdischen Mietern Marx der Fall war, hatten auch wir unseren „Judenkeller". Auf der

Der Pass von Emil „Israel" Heymann war mit dem gelben J für Jude gekennzeichnet. Quelle: Stadtarchiv MG 10/3698

einen Seite trachtete man danach, die jüdischen Bürger auszurotten, andererseits war man um ihren Schutz bei eventuellen Bombenangriffen besorgt! Übrigens erlaubte Familie Marx nicht, dass wir bei Fliegeralarmübungen in einen separaten Keller gingen, sondern forderte uns auf, mit ihnen zusammenzubleiben.
Liesel Bein geb. Mayer
Sekretärin, Jahrgang 1926

Der Begriff der Schutzhaft, auf die ich zu sprechen kommen soll, erfordert die Auseinandersetzung mit zwei unterschiedlichen Vorgehensweisen der Nationalsozialisten. Die eine war ein Gewaltakt, die andere ein juristisch frisierter „Legalakt". Der Gewaltakt war Schutzhaft, Konzentrationslager. Dazu kann ich sagen, es war manchmal viel, viel besser, wenn ein Jude zu einer Strafe von zwei oder drei Monaten verurteilt wurde, als wenn er freigesprochen wurde. Denn wenn er frei gesprochen wurde, kam die Gestapo und nahm ihn in Schutzhaft. Schutzhaft bedeutete Konzentrationslager, nicht Todeslager, davon reden wir erst später. Der ursprüngliche Begriff meinte zunächst insbesondere das Konzentrationslager in Dachau. Auch der nationalsozialistische Staat hatte die normale Gerichtsbarkeit beibehalten. Daneben aber gab es eine nicht-legale Art, wie man Leute behandelte, die einem politisch nicht lagen. Indem man diese Menschen in so genannte Schutzhaft nahm und in Konzentrationslager brachte, die der NS-Staat geschaffen hatte. Überall da, wo dem Staat die Art und Weise der Verurteilung durch die Gerichtsbarkeit nicht behagte, wurden sofort alle Stellen eingeschaltet, die für die Frage der Schutzhaft von Interesse waren. Die nationalsozialistische Partei, die von allen Verfahren unterrichtet werden musste, erfuhr auch vom Ergebnis der Gerichtsverfahren. Und sie nahm sogar häufig sofort im Gerichtssaal jemanden in Schutzhaft, wenn derjenige nicht zu der Strafe verurteilt worden war, von der die Partei glaubte, dass sie angemessen gewesen sei. Diese Schutzhaft war also der illegale Akt. Es gab durchaus Richter, die dem Nationalsozialismus nicht positiv gegenüber standen und teilweise auch befürchteten, dass der Angeklagte in Schutzhaft genommen werden würde. Deswegen wurde dann in manchen Fällen eine Verurteilung ausgesprochen, um hier diese Gefahr der drohenden Schutzhaft zu vermindern.

Die Frage, was ich von jüdischen Anwälten weiß, kann ich nur ganz kurz beantworten: Der jüdische Rheydter Rechtsanwalt Josef Joseph − man höre und staune − war ursprünglich mit Joseph Goebbels befreundet gewesen. Joseph Goebbels stammte aus Rheydt und war ein Mann, der sich frühzeitig auf literarischem Gebiet betätigte und Bücher schreiben wollte. Er schickte seine Werke immer an den Rechtsanwalt Joseph, damit dieser sie begutachte. Der hat sie nie positiv beurteilt, was aber an der guten Beziehung der beiden nichts änderte. Damals war Goebbels also kein Antisemit von Natur aus. Er war Katholik, war an der Schule der beste Schüler, hielt einen hervorragenden Abiturvortrag. Dann kam er in die Einflusssphäre des Nationalsozialismus. Da fiel auch Joseph bei ihm in Ungnade.
Dr. Hansgeorg Erckens (nicht-jüdisch)
Rechtsanwalt, Jahrgang 1930

Der 10. November 1938 war das Ende meiner Kindheit. Strenge Männer in schwarzen Uniformen und hohen Stiefeln drangen in unser Haus an der Freiheitsstraße 31 ein und schleppten meinen geliebten Vater davon − wohin wussten wir nicht. Die folgende Nacht werde ich nie vergessen. Meine Mutter riss mich aus dem Bett und rannte hinauf in den dritten Stock, wo wir christliche Mieter hatten. Sie nahmen uns alle auf: meine Mutter und mich, eine liebe Freundin, die zu Besuch bei uns war anlässlich des Geburtstags meines Vaters am 9. November, und unser junges jüdisches Dienstmädchen. Mit großem Schrecken hörte ich den furchtbaren Krach, der in Parterre vor sich ging. Der Lärm von zerbrochenem Glas, umstürzenden, zerstörten Möbeln etc. war mir unerträglich. Ich wollte mich hinunterstürzen und rufen: „Stopp, Stopp, hört doch auf!" Meine Mutter erzählte mir später, dass zwei Erwachsene mich zurückhielten. Ich war damals zehn Jahre alt. Die Sirenen der Feuerwehrfahrzeuge lärmten, als die Feuerwehrleute einfach nur dastanden, während die Synagoge an der Wilhelm-Strater-Straße brannte. Sie waren nur gekommen, um darauf zu achten, dass keine anderen Gebäude Feuer fingen.

Nach der „Kristallnacht" war die Situation im Deutschen Reich für uns Juden unerträglich geworden. Wir wurden offiziell als Untermenschen dargestellt und es war höchste Zeit fortzugehen. Auf der einen Seite wollte man uns loswerden, auf der anderen Seite machte man uns das Weggehen sehr schwer. Die Nazis raubten uns alles. Haben Sie eine Vorstellung davon, was eine Familie durchmachte, wenn ihr Vermögen beschlagnahmt wurde, alle Wertsachen abgegeben werden mussten, Juden aus ihren Berufen und Arbeitsstellen entlassen wurden und es ihnen verboten war, ihr Brot zu verdienen?
Liesl Loeb geb. Joseph
Grafikerin, Jahrgang 1928

Am Morgen des 10. November 1938 war in Rheydt wie in anderen Städten die Synagoge in Flammen aufgegangen. Onkel Paul rief meinen Vater an und sagte ihm, dass er gerade abgeholt werde. Mein Vater lief zu unserem langjährigen Chauffeur Franz Kesselmann, der sich aber weigerte, ihn zu Freunden nach Aachen zu fahren. Da lief er weiter zu einem jüdischen Bekannten nach Odenkirchen, Emil Heymann, der aber nicht mit fliehen wollte. Als mein Vater am Ende der Straße angelangt war, sah er gerade noch, wie sein Freund verhaftet wurde. Kurz vor Erkelenz fand er doch noch einen Mann, der ihn nach Aachen brachte. An diesem Tag kam ein großer Teil der jüdischen Männer ins Konzentrationslager. Am Abend verkündete Dr. Goebbels, dass das deutsche Volk sich nun Luft gemacht habe und die Aktion beendet sei. Meine Mutter setzte mir die Schülermütze auf, obwohl ich kein Untertertianer mehr war, und wir fuhren zu meinem Vater nach Aachen. Wieder nach Hause zurückgekehrt, versteckte unser guter Hausherr Wienand uns in seiner Mansarde. Er hatte recht getan, denn in dieser Nacht wurden die restlichen jüdischen Leute verhaftet und noch heil gebliebene Geschäfte und Häuser zerschlagen.
Walter Salmon
Kaufmann, Jahrgang 1924

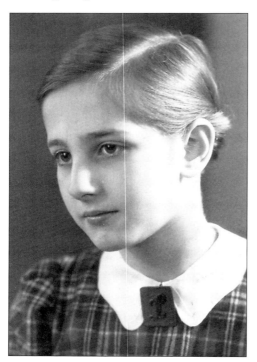
Liesl Joseph – später Loeb – im Alter von elf Jahren, aufgenommen im Frühjahr 1939.

Mutter hatte mich in der Nacht vom 9. zum 10. November 1938 geweckt und machte mich auf die Vorgänge in der Blücherstraße aufmerksam. Sie sagte: „Wer Gotteshäuser ansteckt, der kommt dabei um." Am nächsten Tag gingen ein paar Klassenkameraden und ich vor und auch nach der Schule zur abgebrannten Synagoge. Es war natürlich Thema Nr. 1 bei uns Schülern. Die Tante eines Mitschülers kommentierte das Geschehen: „Jetzt wisst ihr, wer die Verbrecher in Deutschland sind!" Sicherlich war es damals gefährlich, solche Dinge zu äußern. Die Ruine der Synagoge rauchte. Die Feuerwehr, die nachts gekommen war, aber nicht gelöscht hatte, war beinahe noch den ganzen Tag über vor Ort. Das hatte mich als Junge von neun Jahren interessiert. Es war nicht so, dass die Straße gesperrt worden war. Man konnte an der Ruine vorbeigehen. Sie ist später ganz beseitigt worden. Was ich nie verstanden habe: dass nach dem Krieg auf dem Grundstück der ehemaligen Synagoge Privathäuser gebaut wurden.

Am späten Vormittag des 10. November ging ich zum jüdischen Gemeindehaus in der Albertusstraße. Dort gab es einen Menschenauflauf und ich wurde Zeuge einer ziemlich bösen Auseinandersetzung zwischen einem SA-Mann und einer Privatperson. Schließlich kam das Überfallkommando und führte den Mann ab. Ich sehe jetzt noch sein höhnisches Grinsen. Sehr viel später sagte man mir, dass es sich bei dem Abgeführten um einen Gladbacher Rechtsanwalt gehandelt hatte, Dr. Ulrich Benninghoven. Er hatte sich für die Juden eingesetzt, war daraufhin von einem SA-Mann zusammengeschlagen worden und hatte sich gewehrt. Er war hier ein angesehener Rechtsanwalt und wusste sicher, dass er wieder frei kommen würde. Ich hatte ihn zunächst für einen Juden gehalten. An diesem Tag war ich außerdem an der Lüpertzender Straße, wo der Rabbiner Dr. Siegfried Gelles in der Nr. 126 gegenüber dem Eingang zur Friedrichstraße wohnte. Man hatte ihm Brandfackeln in die Wohnung geworfen.

Hans-Georg Hollweg (nicht-jüdisch)
Kaufmann, Jahrgang 1929

Mitten in der Nacht vom 9. auf den 10. November wachte ich auf durch das Explodieren von Knallkörpern. Durch das Fenster fiel ein heller Schein. Mein Bruder Dieter schrie: „Die Synagoge brennt!" Sie lag nur wenige Häuser entfernt von meinem Elternhaus an der Blücherstaße. Es war in meinem elften Lebensjahr. Ich sehe mich über die Blücherstraße laufen. Da liegt ein Klavier. Ich kann es nicht fassen. Ein Klavier weckt in mir Gefühle der Harmonie. Ich spiele gerne darauf. Dieses Klavier aber signalisierte für mich eine erschreckende Störung. Es war aus einem Fenster herausgeworfen worden, sicher nicht von seinem Eigentümer. Hinten auf unserer Straße knallte es. Es ist die so genannte „Kristallnacht", Ausdruck eines eruptiven Ausbruchs von Judenhass, ein Signal der beginnenden Judenverfolgung. Noch heute sehe ich das Klavier anschaulich vor mir. Dieser Anblick setzte bei mir einen Erkenntnisprozess in Gang: Ich fing an, meine Umwelt kritisch zu betrachten. Auf meinem Rückweg vom Schauplatz des Brandes bog ich in eine Seitenstraße ein, wo ein Schulfreund in der obersten Etage wohnte. Seine Mutter zog mich ans hintere Fenster und wir blickten gemeinsam auf die brennende Synagoge herab. Sie sagte zu mir: „Arnd, vergiss' das nie in deinem Leben. Dem folgt das Gericht Gottes!" Sie war eine einfache Frau, in irgendeinem Haushalt tätig. Neben meinen Eltern und Lehrern waren es vor allem einfache Menschen, die mir das Verbrecherische des Nationalsozialismus bewusst machten. Am Nachmittag des folgenden Tages hörte ich, dass ein jüdischer Bürger, der auf unserer

Straße wohnte, in seinem Keller gefoltert worden sei. Das Böse des Judenhasses war aber längst Bestandteil des christlichen Alltags geworden, bevor es Bestandteil des nationalsozialistischen wurde.
Dr. Arnd Hollweg (nicht-jüdisch)
Theologe, freier Autor u. Sozialpsychologe, Jahrgang 1927

In der Zeit der Judenverfolgung war ich noch ein Kleinkind und konnte nicht wissen, welche Rolle mein Großvater Giesing zur Zeit des Nationalsozialismus in Mönchengladbach spielte. Erst als ich Unterlagen von meinem Cousin Josef Micha erhielt, dessen Vater als Jurist meinem Großvater seit 1938 bei dessen Auseinandersetzungen zur Seite stand, erfuhr ich, was er getan hatte: Mein Großvater Wilhelm Giesing, 1879 geboren, war von 1924 bis 1942 Oberstudiendirektor am Stiftischen Humanistischen Gymnasium in Mönchengladbach, außerdem bis 1932 Ortsvorsitzender der Zentrumspartei, ein angesehener Mann. Als er am Morgen nach der so genannten Reichskristallnacht vom 9. November 1938 durch die NSDAP aufgefordert wurde, die noch in der Schule verbliebenen jüdischen Schüler sofort zu entlassen, weigerte er sich zunächst, diesem Befehl Folge zu leisten. Überliefert ist der Bericht eines Zeitzeugen aus der damaligen Untertertia [8. Klasse] des Gymnasiums [„Rheinische Post" vom 9.11.1978]. Demnach betrat der Hausmeister den Klassenraum an diesem 10. November während der Lateinstunde mit einem Zettel in der Hand, auf dem eine Weisung des NSDAP-Kreisleiters die sofortige Entlassung der jüdischen Schüler anordnete. Gespenstische Stille soll in der Klasse geherrscht haben, als schließlich einer der drei jüdischen Schüler sein Buch zuklappte, es in den Tornister steckte und bis an die Tür ging. Dann soll er sich nach seinen beiden jüdischen Klassenkameraden umgedreht haben. Auch sie standen wohl auf und folgten ihm. Die anderen Schüler saßen währenddessen wie erstarrt in den Bänken. Weiter heißt es in diesem Bericht, Oberstudiendirektor Giesing habe sich zunächst geweigert, den Befehl entgegenzunehmen. Er berief sich darauf, dass keine Anweisung der Schulbehörde vorläge und er keine Anordnung von der Partei entgegennehmen dürfe. Um die jüdischen Schüler vor einer daraufhin angedrohten „besonderen Aktion" zu bewahren, gab er schließlich nach. Ich habe gelesen, dass Großvater die jüdischen Schüler damals selbst zu den Eltern gebracht und sich für diesen Vorgang entschuldigt haben soll.

Das konnte im „Dritten Reich" nicht ohne Folgen bleiben. Aus den persönlichen Notizen, mit denen mein Großvater während der anschließenden Auseinandersetzungen mit schulischen und städtischen Behörden seine Vertreibung aus dem Amt des Schulleiters dokumentierte, lässt sich eine für ihn dramatische Entwicklung seiner Lage nachvollziehen:

Er unterrichtete noch im Laufe dieses 10. Novembers 1938 das Schulamt von dem Vorfall und verfasste einen schriftlichen Bericht an den Oberpräsidenten der Rheinprovinz, Abteilung für Höhere Schulen, in Koblenz. Jedoch wagte niemand, sich der Partei zu widersetzen. Im Gegenteil: Man legte ihm nahe, sich zurückzuhalten bzw. zu verreisen. Von diesem Zeitpunkt an versuchten die Nationalsozialisten, Großvater zur Aufgabe seiner Lehrtätigkeit zu bewegen und ihn aus seinem Amt zu vertreiben. Für die Ortsgruppe der NSDAP in Mönchengladbach muss der Gedanke unerträglich gewesen sein, dass ein ehemaliger Vorsitzender der Zentrumspartei als Direktor des Gymnasiums eine Rolle im öffentlichen Leben der Stadt spielte, zumal er praktizierender Katholik war. Deshalb war es auch mit seiner religiösen Einstellung unvereinbar, Mitmenschen wie die jüdischen Schüler derart diskriminie-

Die letzte Zentrumsveranstaltung in der Volksgartenhalle Mönchengladbach am 4. Juli 1932. Von links: Dr. Johannes Bell, Reichsminister a.D., der am 30. Mai 1932 als Reichskanzler zurückgetretene Zentrumspolitiker Dr. Heinrich Brüning, Oberstudiendirektor Wilhelm Giesing und Justizrat Hugo Mönnig.

rend zu behandeln. Nach diesem Vorfall vom 9. November 1938 wurde Großvater die Ausübung seines Amtes als Schulleiter untersagt. Er fühlte sich nun in seiner persönlichen und Beamtenehre verletzt und forderte deshalb ein beamtenrechtliches Untersuchungsverfahren gegen sich. Dem wurde nicht entsprochen – sicher weil von vornherein feststand, dass ihm als Oberstudiendirektor kein dienstrechtliches Vergehen nachgewiesen werden konnte und er somit „gewonnen" hätte. Andererseits erlaubte man ihm aber nicht die Wiederaufnahme des Dienstes. Einige Monate später wurde die Untersuchung dennoch eingeleitet. Es waren aber keine stichhaltigen Beschuldigungen aufrechtzuerhalten, Direktor Giesing konnte alle Vorwürfe gegen sich Punkt für Punkt widerlegen. Diesen „Sieg" bezahlte er jedoch mit dem Ruin seiner Gesundheit. Als Folge der Auseinandersetzungen war sie dermaßen angegriffen, dass er schließlich unter der Last der äußeren und inneren Bedrängnisse zusammenbrach. Er erlitt im Dezember 1941 einen Schlaganfall und war daraufhin aus gesundheitlichen Gründen gezwungen, nun doch seine Pensionierung zu beantragen, die zum 1. Juni 1942 erfolgte. Herz, Kreislauf und Nervensystem machten nicht mehr mit. Großvater konnte nicht mehr sprechen und war halbseitig gelähmt. Als kleines Mädchen erlebte ich den Großvater, wie er so krank geworden war. Da er

Wilhelm Giesing als junger Mann.

als Kind bereits seinen linken Unterarm verloren hatte und nun auch die Lähmung der rechten Seite hinzukam, war er völlig hilflos. Er tat mir so leid! Jeden Tag machte er seinen Spaziergang, denn gehen konnte er noch, die übrige Zeit saß er im Sessel. Abends beteten wir den Rosenkranz, Großvater, Großmutter und wer von meinen Geschwistern sonst noch Zeit hatte. In diesen Jahren verloren meine Großeltern ihre Söhne Ewald und Willi durch den Krieg, Bernhard starb an den Spätfolgen einer schweren Kriegsverletzung.

In meinen Augen war mein Großvater Giesing ein sehr mutiger Mann, der durch seinen furchtlosen Einsatz für die jüdischen Schüler seine Existenz aufs Spiel setzte. Er nahm dabei keine Rücksicht auf seine Sicherheit und seine Gesundheit und gab sein Letztes, um Gerechtigkeit zu schaffen, was aber in der NS-Zeit leider nicht mehr möglich war. Darüber wurde er krank. Am 15. November 1945 gab es eine öffentliche Wiedergutmachung. Ein Jahr später, im November 1946, wurde er als politisch Verfolgter anerkannt. Als Großvater am 26. November 1947 starb, war er 68 Jahre alt. Seit zwei Jahren gibt es Überlegungen, eine Straße nach Wilhelm Giesing zu benennen. Wir haben schon Unterlagen bei der Bezirksvertretung Hardt eingereicht, und ich erhielt ein Schreiben, nach dem man das als gut erachtet. Bis jetzt ist aber noch nichts passiert, weil noch kein angemessener Ort gefunden wurde. Am besten eignete sich natürlich eine Straße in der Nähe der Schule, aber das ist schwierig, weil die Straßen dort ganz alte, traditionsreiche Namen tragen.

Hildegard Hintzen (nicht-jüdisch)
Kaufm. Angestellte, Jahrgang 1935

Dass die Studienräte mit den Nazis nicht einverstanden waren, wussten wir. Studienrat Reiffenrath kommentierte beispielsweise die Politik Himmlers mit den Worten aus Goethes Faust: „Heinrich, mir graut vor dir!" Aber insgesamt äußerten sie sich nur selten und sehr vorsichtig. Das war in der damaligen Zeit auch notwendig. Im Übrigen war unsere Intelligenz unpolitisch. Die überkommenen Strukturen unserer Schulen passten schon damals nicht mehr in die gesellschaftliche Wirklichkeit. Das galt natürlich vor allem für ein altsprachliches, humanistisches Gymnasium. Die Vertreter der Intelligenz standen stramm und hörten schweigend zu, wenn der Bannführer über die „Judenschweine" schimpfte. Wenn er dann vom arischen Christus sprach, war wohl kaum ein Schüler von Sexta an unter uns, der nicht wusste, dass Jesus Jude gewesen war. Die meisten Lehrer machten mir damals einen rat- und sprachlosen Eindruck. Sie waren in Obrigkeitsgläubigkeit und preußischer Disziplin erzogen, wie sie auch an unserer Schule herrschten. Was da vor sich ging, passte nicht in ihr Weltbild. Doch vermochten sie sich auch nicht zu wehren. Wenn der Bannführer Börgens

morgens auf unserem Schulhof loslegte mit den Worten: „Ich reiß' euch den Arsch bis zum Kragenknöpfchen auf", ...
Dr. Arnd Hollweg (nicht-jüdisch)
Theologe, freier Autor u. Sozialpsychologe, Jahrgang 1927

... sagte unser kommissarischer Oberstudiendirektor Heckschen – der nicht in der Partei war und deshalb nicht zum Direktor ernannt wurde: „Herr Bannführer, ich danke Ihnen für Ihre verbindlichen Worte zu meinen Schülern!" Es wurde geklatscht und der Bannführer war unten durch.
Hans-Georg Hollweg (nicht-jüdisch)
Kaufmann, Jahrgang 1929

Ich erinnere mich an einige jüdische Geschäfte in unserer Umgebung: Kurzwaren, Knöpfe, Bänder und so etwas kaufte meine Mutter bei Lina Moll, einem jüdisches Geschäft an der Hauptstraße 186. Aber hier, wie auch in anderen Fällen, galt es nicht als etwas Besonderes, dass es sich um ein jüdisches Geschäft handelte. Zu Schuhhändler Schwab von der Hauptstraße hatten unsere Eltern einen besonders guten Kontakt. Ich war in den 30er-Jahren Mitglied im Kirchenchor und musste Geld sammeln gehen. Schwab gab jedes Jahr 50 Mark für den evangelischen Kirchenchor, das war eine stolze Summe. Ein besonderes „jüdisches Verhalten" war uns an ihm nicht aufgefallen, auch nicht an Metzger Schnock.

Wir erfuhren von Berufsverboten für unseren Metzger Schnock und das Schuhhaus Schwab schon unmittelbar nach der Machtergreifung, als die Schaufenster der jüdischen Geschäfte mit Hassparolen beschmiert wurden. Ich erinnere mich daran, wie die Schilder „Juda verrecke!" auf dem Rheydter Markt auftauchten. In einer Nacht im Jahr 1935 standen SA-Leute vor dem Geschäft von Schnock. Schwabs konnten später überhaupt nichts mehr verkaufen. Das war eine ganz trostlose Geschichte, wie auch mit dem Metzger Schnock. Die berufliche Behinderung unseres freundlichen jüdischen Kinderarztes Dr. Sommer ließ ihn und seine Familie später nach Amerika auswandern.

Diese Vorgänge konnten in mir jungem, von der Propaganda des NS-Regimes beeinflusstem Menschen trotzdem noch nicht die nötige Distanz zur Hitlerjugend schaffen. Erst nach dem 9. November 1938, als die Synagogen brannten und mein Klassenkamerad Erwin Nussbaum nicht mehr in unsere Klasse kam, wurde ich innerlich sehr kritisch dem Regime gegenüber. Weil ich nach wie vor an „(hitler)-jugendfremden" Veranstaltungen des Bibelkreises CVJM [Christlicher Verein Junger Männer] teilnahm, wurde ich von HJ-Bannführer Jupp Börgens aus der HJ ausgeschlossen. Ein bisschen geknickt war ich schon, als

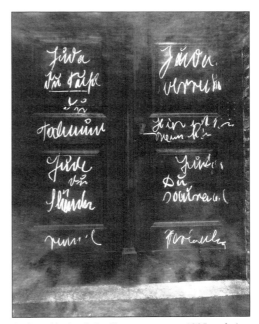

Antisemitische Schmähungen waren 1935 auf das Eingangstor der Leichenhalle des jüdischen Friedhofs Rheydt geschmiert: „Juda verrecke" (oben rechts), „Juda du Teufel" (oben links), darunter „du Talmund" (statt Talmud). Quelle: Stadtarchiv MG 10/40539

ich da rausgeworfen wurde. Das entsprach nicht dem Bild, was ich mir gemacht hatte. Die Heimabende, die wir als „Pimpfe" [10-14-jährige Jungen im Deutschen Jungvolk in der Hitler-Jugend] gehabt hatten, unterschieden sich übrigens in keiner Weise von den Abenden, die wir vorher beim CVJM hatten. Es war im Prinzip eine Fortsetzung, gar nicht so sehr politisch bestimmt. Nach 1938 wurde an einem HJ-Heimabend über die Juden gesprochen, aber in einer Art und Weise, die nicht unseren Widerstand hervorrief. Nun kann es natürlich auch sein, dass wir in Rheydt mit seinem Kleinstadt-Charakter ein bisschen heile Welt hatten. Die Juden, die bei uns lebten, kannte man. Das waren honorige Leute, im Ersten Weltkrieg ausgezeichnet, wie zum Beispiel Karl Nussbaum. Mein Vater hatte eine ganze Reihe von Bekannten, die Juden waren. Darüber ist aber in Gegenwart von uns Kindern nie viel gesprochen worden.

Warum meldete ich mich trotz meiner regimekritischen Haltung nach dem 10. November 1938 freiwillig zur Wehrmacht? Eine Gewissensfrage, die ich mir 1940 als 19-Jähriger so sicher nicht gestellt habe. Um eine Antwort will ich mich heute, 65 Jahre nach meiner damaligen Entscheidung, nicht drücken: Als Kinder und Jugendliche wuchsen wir in einer Zeit des Umbruchs vom monarchietreuen Denken über eine nicht überzeugende Demokratie hin zum Totalitarismus auf. Unsere Denkweisen und die unserer Eltern sind deshalb nicht mit heutigem Denken gleichzusetzen. Die allgemeine Haltung in meinem Freundeskreis, die durch den Einfluss der Geschichtslehrer und die vielen Kriegstagebücher von Dwinger, Jünger, Beumelburg, Ettinghofer u.a. geprägt war, rief in mir das starke Bemühen wach, die damaligen Tugenden von Treue, Ehre und Heldenmut wirklich zu leben. So wie ich die Wehrmacht bei verschiedenen Herbstmanövern im Raum Höxter kennen gelernt hatte und nach den Gesprächen, die wir in der Familie mit einquartierten Soldaten nach dem Polenfeldzug geführt hatten, ergab sich für uns in der Familie die Erkenntnis, dass das Heer als Teil der Wehrmacht zur damaligen Zeit eine von der NSDAP unabhängige, militärisch ausgerichtete, in die preußische Tradition eingebundene, unpolitische Armee war. Ich glaubte, entsprechend dem anerzogenen Feindbild, dass ich helfen müsste, Deutschland zu schützen. Meine damalige Freiwilligenmeldung kann ich aus heutiger Sicht nur so verständlich machen.

Als ich 1945 aus dem Krieg zurückkehrte, war ich 23 Jahre alt, Oberleutnant mit Abitur, sämtlicher Ideale beraubt, völlig hilf- und haltlos. Ich wusste überhaupt nicht mehr, was richtig war. Alle acht Tage musste ich mich hier bei der Polizei melden, zunächst als Kriegsverbrecher, da ich Offizier war. Das hat mich schon sehr stark beeindruckt, muss ich sagen. Wenn man gerne zum Kommiss ging, so wie ich, und man kommt dann nach Hause und hat gar nichts mehr, an das man glauben kann ... Wir jungen Menschen waren irregeführt worden und zahlten persönlich einen sehr hohen Preis. Man hat uns die Jugendzeit und unsere Gesundheit gestohlen. 22 Splitter erschweren mir seit dieser Zeit das Gehen und bereiten Schmerzen, eine finanzielle Entschädigung gab es nicht. Das war der Dank für meinen soldatischen Einsatz in fünf Jahren. Dazu kam die Erkenntnis, dass alle Opfer und Mühen vergeblich, unnütz und unsinnig waren. Selbst das Christentum war für mich passé. Die Kirche hatte sich ja um nichts gekümmert. Nach dem Krieg ging ich zwar wieder zur Kirche, aber Predigten brachten mir nichts außer Fragezeichen, immer nur Fragezeichen. In die Politik bin ich zunächst nicht wieder eingestiegen. Ich wollte mit nichts mehr etwas zu tun haben. Es ist heute schwierig, das eigene Empfinden von damals, die innere Leere nach dem Verlust

Nur für Arier – amtliche Aufschrift auf Parkbänken während des „Dritten Reichs". Quelle: bpk Berlin

wesentlicher Ideale und das Gefühl der Ohnmacht gegenüber dem Geschehen zu vermitteln. Hoffnungslosigkeit und Angst vor der Zukunft, fehlende Bindungen an ethische Werte, Religion, Freundschaften, Liebesbeziehungen und Gemeinschaft bestimmten unsere Lebenserwartung.

Hinzu kam, dass mein Großvater mir dann von den Gräueltaten der Nazis an Juden und anderen Menschen erzählte. Er berichtete über das Schicksal jüdischer Mitbürger aus unserer Gegend. Ich sage ehrlich: Zunächst fiel es mir schwer, das zu glauben. Dann wurden diese Dinge schon sehr früh in der Wochenschau gezeigt – sie wurden ja tatsächlich gezeigt. Nachdem ich es akzeptiert hatte, schämte ich mich sehr für uns Deutsche. Auch heute schäme ich mich noch dafür. Manche Leute sagen, dass sie nichts mehr von diesem Thema hören möchten. Ich will alles wissen, was damals passiert ist. Man kann ja immer noch neue Dinge erfahren. Berührungsängste gegenüber der jüdischen Gemeinde hatte ich nach dem Krieg nicht. Mit ihrem damaligen Vorsitzenden, Herrn Cummings, sprach ich über den Holocaust, Schuld und Sühne, Vergeben und Vergessen und die Verpflichtung, die Zeit des Nationalsozialismus aufzuarbeiten. Mit seinem Vorgänger Kurt Hecht hatte ich ebenfalls einen persönlichen, herzlichen Kontakt, auch in meiner Eigenschaft als Bürgermeister.

Die Jugend muss heute offiziell von diesem Teil unserer Vergangenheit in Kenntnis gesetzt werden und ich denke, ich habe das Meine dazu getan. Als Volksschullehrer sprach ich mit meinen Schülern über diese Verbrechen, erst hier in Odenkirchen, dann in Geistenbeck. Das Gleiche tat ich ab 1962 an der Polizeischule in Linnich, wo ich Unterricht in Volkskunde sowie Erd-

kunde und Geschichte erteilte. Zuerst hatte ich Hauptschüler, dann Realschüler und Abiturienten. Sie glauben nicht, wie aufmerksam gerade die Leute aus dem Abiturbereich zuhörten, diskutierten usw. Ich fragte dann immer, wie weit sie bis zum Abitur mit Geschichte gekommen seien. „Bismarck oder Ende Erster Weltkrieg? Haben Sie denn über die Zeit danach und über die Hitlerzeit etwas gehört?" Die Antwort deckte sich mit dem, was ich von meinen eigenen Kindern hörte: Über den Nationalsozialismus erfuhren sie nichts, er wurde damals an den Schulen ausgespart.
Hans Segschneider (nicht-jüdisch)
Lehrer, Jahrgang 1921

Um die Frage zu beantworten, wie normale Bürger damals zur Judenfrage gestanden haben, möchte ich mich so äußern: In der Zeit des Zweiten Weltkriegs stand wegen der vielen Bombenangriffe der Schutz des eigenen Lebens im absoluten Vordergrund. Man bekam keine Lebensmittel, man musste anstehen und das Thema „Juden" war dem einzelnen Bürger vor diesem Hintergrund nicht geläufig. Man muss allerdings unterscheiden, wo sich etwas abgespielt hat und wer davon berührt wurde: auf dem Land, in der Stadt oder in der Großstadt. Die Wahrnehmung dessen, was damals mit Juden geschah, war je nachdem total unterschiedlich. Kein Mensch hat heute eine Vorstellung davon, wie hoch der jüdische Anteil am Geistesleben des damaligen Reiches war. Die meisten Juden hatten eine hervorragende Stellung, prozentual viel mehr als die Nicht-Juden. Zum Beispiel in Berlin: Dort waren vor 1933 über 50 Prozent der Anwälte jüdisch. Als ich im Jahr 1959 als Rechtsanwalt anfing, hatten wir 17.000 Anwälte in Deutschland, heute sind es annähernd 130.000. Was meinen Sie, wenn jetzt 50 Prozent, also 65.000 Anwälte wegfielen, wie die anderen 65.000 dann jubilieren würden! Wenn man den Einzelnen von damals fragte, würde gesagt werden: „Ich war nicht dafür!" Aber allein aus Konkurrenzdenken heraus war man doch vielfach froh, dass die anderen weg waren. In der Gruppe der Ärzte war es ähnlich, überhaupt in allen hervorstechenden Berufsbereichen. Wobei der hohe Anteil der Juden in diesen Berufen keineswegs dem prozentualen Anteil der Juden an der Bevölkerung entsprach, der ja ganz minimal war. Das kann man den Juden natürlich nicht zum Vorwurf machen, aber man hat es getan. Sie waren eben im Durchschnitt fähiger. Und dadurch, dass sie auf der ganzen Welt immer wieder verfolgt worden sind, mussten sie sich wehren und es sind Eigenschaften entwickelt worden, die die anderen nicht hatten.
Dr. Hansgeorg Erckens (nicht-jüdisch)
Rechtsanwalt, Jahrgang 1930

4. Überleben in der NS-Zeit: versteckt, ausgewandert, deportiert

Auch wenn das Regime sich schon länger hielt, als viele gedacht hatten und über die wahren Absichten der Nationalsozialisten sicher kein Zweifel mehr herrschte – „Wer konnte sich mit gesundem Menschenverstand schon vorstellen, dass ganz normale Leute systematisch Millionen von Menschen, Männern, Frauen und Kindern umbringen würden?" Diese rhetorisch gemeinte Frage einer Zeitzeugin aus Odenkirchen bringt das Problem auf den Punkt. Man konnte es sich eben überwiegend nicht vorstellen. Wären sonst alle deutschen Juden ausgewandert? Sicher nicht. Warum nicht, wird nachvollziehbar, wenn man die Ausführungen in diesem Kapitel liest. Vor allem die Generation der Teilnehmer des Ersten Weltkriegs fühlte sich sicher. 1914 waren Juden bei der kämpfenden Truppe willkommen gewesen. Wer sein Leben als Soldat für das deutsche Vaterland riskierte hatte, erhielt noch 1935 ein Ehrenkreuz für Frontkämpfer – „Im Namen des Führers und Reichskanzlers". Die so Ausgezeichneten konnten sich absolut nicht vorstellen, dass ihre Vaterlandstreue von einst morgen nichts mehr wert sein sollte. Für ehemalige jüdische Kriegsteilnehmer und ihre Familien brach hierüber ihre vermeintlich heile Welt zusammen. „Wer wird uns Alten etwas tun?", fragten die Betagten von damals. Eine furchtbare und für viele der Betroffenen folgenschwere Fehleinschätzung. Abgesehen davon: Auch wer die Dinge klarer sah, konnte sich nicht sofort in Sicherheit bringen. Man brauchte gute Verbindungen ins Ausland, eine große Portion Glück, natürlich das nötige „Kleingeld" und musste bereit sein, das ganze bisherige Umfeld zurückzulassen – Verwandte, Freunde, Hab und Gut, berufliche Existenz. Hier wird geschildert, was das hieß: Ganze Familien retteten sich in letzter Minute unter abenteuerlichen Bedingungen ins völlig Ungewisse, andere harrten jahrelang im Versteck aus, wieder andere mussten von Mönchengladbach und Rheydt aus den Weg ins Konzentrationslager antreten.

Auswanderungswillige stehen vor dem Reisebüro Palestine & Orient Lloyd Schlange. Quelle: bpk Berlin

Meine jüdischen Großeltern Julie und Bernhard Levy führten an der Brunnenstraße ein kleines Geschäft für Tabakwaren. Als sie 1934 starben, kam der Bruder meiner Mutter, Moritz, aus Israel zur Beerdigung. Er war schon 1927 dorthin ausgewandert und wollte uns mitnehmen. Aber meine Eltern glaubten nicht, dass ihnen hier in Deutschland jemand etwas anhaben würde und lehnten ab. In der Novembernacht 1938, als die Synagoge an der Blücherstraße brannte, verhaftete man einen anderen Bruder meiner Mutter, Jakob Levy, direkt vor Ort. Er war am Schauplatz des Ereignisses gewesen und hatte wohl eine unvorsichtige Bemerkung gemacht. Onkel Jakob wurde festgenommen und musste direkt zum Gefängnis Spatzenberg. Ein Freund half ihm, wieder frei zu kommen. Er verließ Deutschland über Nacht und wanderte nach Schanghai aus. Seine katholische Frau und die zwei Kinder konnten später aus Mönchengladbach nachkommen.

Mein Vater arbeitete während der NS-Zeit als Monteur bei Schlafhorst, die Firma war im Krieg Rüstungsbetrieb. Dass er zur Wehrmacht eingezogen wurde, konnte Dr. Walter Reiners, der Inhaber der Firma Schlafhorst, immer wieder verhindern. Er kannte unsere Verhältnisse und wusste, dass wir Kinder mit einer jüdischen Mutter schutzlos gewesen wären ohne meinen Vater, der Katholik war. Dr. Reiners tat so, als ob mein Vater eine ganz wichtige Person gewesen sei, die unabkömmlich sei und nicht freigestellt werden könne fürs Militär. Das klappte und so blieben wir bis Kriegsende weiter in unserer Wohnung an der Brunnenstraße.

Meine Mutter musste untertauchen und hielt sich damals an unterschiedlichen Orten versteckt. Es fanden sich immer wieder Nachbarn, die sie unter Lebensgefahr bei sich aufnahmen. Teilweise hielt meine Mutter sich bei ihren christlichen Schwiegereltern in Viersen verborgen. Auch wir Kinder und mein Vater waren lange dort versteckt, wobei wir nicht bei meinen Großeltern übernachteten. Das war meinem Vater wiederum zu gefährlich. Ich erinnere mich an eine Nachbarsfamilie Neunzig: Herr Neunzig kam als Soldat auf Urlaub nach Hause. Damit meine Mutter uns besuchen konnte, holte er sie einmal nachts zu uns und brachte sie auch wieder dorthin zurück, wo sie sich gerade versteckt hielt – das alles in seiner Uniform. Man hätte ihn sofort erschossen, wäre er erwischt worden. Die Neunzigs waren sehr mutige Leute, während mein Vater Blut und Wasser schwitzte. Weil meine Mutter in dieser Zeit meistens nicht zu Hause sein konnte, war ich viel mit meinen jüngeren Geschwistern alleine. Mein Vater war ja auch den ganzen Tag außer Haus und so zog ich Hans und Herta mehr oder weniger alleine groß. Abends kam meine Mutter manchmal heimlich zu uns, es war sehr, sehr gefährlich.

In der Zeit bis zum Kriegsende erlebten wir durch Nachbarn, Bekannte und auch fremde Menschen sowohl Positives als auch Negatives. Immer wieder musste sich mein Vater bei der Partei in Hermges einfinden, weil uns wieder ein Nachbar angezeigt hatte. Wie oft wurde ihm nahe gelegt, sich doch von seiner jüdischen Frau scheiden zu lassen. Unsere Nachbarschaft war aber insgesamt sehr gut, sonst hätten wir es gar nicht schaffen können zu überleben. Eines Tages ging es um meinen Bruder Max, den ältesten von uns Geschwistern, der sich genau wie meine Mutter versteckt hielt. Ihn befiel aber immer wieder furchtbares Heimweh. Inzwischen hatte es Bombenangriffe gegeben und Max konnte nicht wissen, ob wir überhaupt noch lebten. Ich sehe eine Szene noch deutlich vor mir: An diesem Tag hatte ich noch gar nicht bemerkt, dass Max nach Hause gekommen war, draußen vor dem Haus stand und mal wieder nach uns gucken wollte, als die

Gestapo klingelte. Ich sagte: „Nein, Max ist nicht da." – „Du musst doch wissen, wo dein Bruder ist!", meinten sie. Mein Vater hatte mir eingeschärft zu sagen: „Ich weiß nicht, wo mein Bruder ist, ich weiß auch nicht, wo meine Mutter ist." Sie gingen raus und fragten ein paar umher stehende Jungen: „Kennt ihr hier einen Max Vergosen?" Einer von ihnen antwortete: „Ja, der hier, das ist er." Mein Bruder stand ja tatsächlich dabei. Max glaubte nicht wirklich, dass man ihm etwas antun wollte. „Ich habe doch nichts getan!", sagte er immer. Er sollte nun aber mitkommen zum Gefängnis Spatzenberg, um dort etwas zu unterschreiben. Max erbat sich ein Fahrrad von unseren nicht-jüdischen Nachbarn Schröders, um hinter der Gestapo herfahren zu können. Schröders fragten ihn, ob er verrückt geworden sei: „Du unterschreibst gar nichts!" Sie ließen ihn einfach nicht mehr heraus und versteckten ihn im Keller. Zu den Gestapoleuten sagten sie oben, Max sei verschwunden, aber man habe nicht gesehen, wohin. In der Zwischenzeit war mein Vater von Schlafhorst nach Hause gekommen. Sein Chef, Dr. Reiners, hatte zu ihm gesagt: „Wenn Sie das Gefühl haben, dass mal irgendetwas nicht stimmt, gehen Sie ruhig nach Hause und schauen nach." An diesem Tag spürte mein Vater, dass es ratsam war, früher nach Hause zu gehen und fand prompt die Gestapo vor. Er lieh sich ein Fahrrad und fuhr hinter den Gestapoleuten zum Spatzenberg. „Mein Sohn hat nichts zu unterschreiben. Das mache ich", meinte er. Ich sah meinen Vater davonfahren und dachte: Jetzt kommt er nie mehr wieder. Ich hatte Angst. Aber er kam zurück. Die Männer hatten sinngemäß gemeldet, der Junge sei ihnen durch die Lappen gegangen, sie hätten nun den Alten mitgebracht. Was sollte man mit dem Alten, der auch noch katholisch war? Dann gab es wohl etwas dummes Geschwätz und mein Vater konnte nach Hause fahren.

Sie haben Max dann doch irgendwann geschnappt und er saß im Gefängnis Spatzenberg ein. Ich besuchte ihn dort zusammen mit meinem Vater. Max hielt sich draußen auf, trug einen gestreiften Sträflingsanzug und hatte einen Besen in der Hand, mit dem er den Hof kehren musste. Mein Vater wurde fast verrückt vor Angst wegen Max. Max selbst dagegen war von einer unglaublichen Naivität. „Reg' dich nicht auf, Vater", meinte er, „die lassen mich ja wieder nach Hause." Wir mussten ihm einen Koffer packen und zum Gefängnis Spatzenberg bringen. Dann wurde er fertig gemacht zum Abtransport. In Düsseldorf kannte mein Vater glücklicherweise jemanden, der den Zug begleitete. Dieser gute Bekannte sorgte dafür, dass mein Bruder entkommen konnte. Max sprang auf irgendeinen Zug, der gerade auf dem Nebengleis hielt, und der fuhr zufällig nach Gladbach. So kam er zurück. Daraufhin hielt Max sich wieder versteckt. Ohne solche Menschen wie die Düsseldorfer Bekannten hätten wir nicht überleben

Im Januar 1950 war Ruth Hermges 17 Jahre alt.

können. Eine Zeit lang hatte mein Vater meinen Bruder Max bei einer Hitlerjungen-Gruppe zum Schanzen untergebracht. Ein Bekannter meiner Eltern leitete eine solche Gruppe. Er sprach meinen Vater an: „Gib' mir den Max zum Schanzen mit. Der fällt da gar nicht auf". Wir sahen nicht aus wie typische Juden, hatten alle blaue Augen.

Es gab immer wieder Leute, die uns halfen. Wir Geschwister bekamen damals Lebensmittelkarten, die alle abgestempelt waren mit einem großen J. Wir erhielten sonst nur noch eine Karte für meinen Vater, meine Mutter bekam gar nichts. Wo sollte man mit unseren J-Karten einkaufen? Es gab allerdings ein paar Tante-Emma-Läden, in denen wir zwischendurch etwas bekamen, mal ein bisschen Zucker, ein bisschen Marmelade usw. Eine unserer Bekannten arbeitete an der Stelle, wo die Lebensmittelkarten ausgegeben wurden. Wenn die Frau mich sah, wartete sie einen günstigen Moment ab, dann steckte sie mir einen ganzen Packen Lebensmittelkarten ohne das J zu. Man hatte mich dafür präpariert: Ich trug einen Lodenmantel, in dessen Innenteil meine Mutter mir eine große Tasche aus Futterstoff eingenäht hatte. Dort versteckte ich die Karten und ging nach Hause. So schlugen wir uns durch.

Ab September 1941 war der Gelbe Stern für Juden vorgeschrieben. Auch ich musste dieses Drecks-Ding tragen und hatte mich als Kind von neun Jahren im Gefängnis Spatzenberg vorzustellen, um prüfen zu lassen, ob mein Stern an allen Ecken richtig angenäht war. Ich weiß noch, dass er nicht einfach angesteckt sein durfte. Mein Bruder Max und ich mussten ihn tragen, die jüngeren, 1937 und 1938 geborenen Geschwister nicht. Wenn ich mit Max zur Schule ging, trug ich den Tornister immer vor der Brust, damit die entgegenkommenden Kinder ihn nicht sahen. Mit meinem Bruder sprach ich nicht darüber, denn er wollte es nicht. Meine Mutter auch nicht. Ich kann mich nicht erinnern, dass die Familie später mal beisammen saß und die Ereignisse Revue passieren ließ.

Befreit worden sind wir von den Amerikanern im Vitusbunker an der Vitusstraße, wo wir zusammen mit meinem Vater und meiner Mutter die letzten Wochen gelebt hatten – nicht in einem Raum, sondern in einem Verschlag. Wir waren dort mit Leuten aus dem so genannten Volkssturm zusammen, die uns versteckten. Einer der Amerikaner sagte auf deutsch: „Hier muss eine jüdische Familie mit vier Kindern sein." Woher sie das wussten? Wir haben es nie erfahren. Meine Mutter und ich sahen nach der Befreiung so schlimm aus, dass Nachbarn anderen dazu rieten, uns nicht anzusprechen und in Ruhe zu lassen, weil wir wohl nicht mehr lange leben würden. Aber es kam anders. Wir erholten uns. Meine Mutter war 85, als sie starb. Nach dem Krieg ging man zum Alltag über. Heute gehe ich in Gedanken oft die Ver-

Ab dem 19. September 1941 mussten alle Juden des Deutschen Reiches auf der linken Brustseite der Kleidung den sechszackigen „Gelben Stern" mit der Aufschrift „Jude" tragen. Bei Erhalt des „Gelben Sterns" hatten die Empfänger zu bestätigen, das Abzeichen „sorgfältig und pfleglich zu behandeln".

gangenheit meiner Eltern durch: Wie jung sie waren, als für sie alles schon zu Ende war. Meine Mutter war 44, als mein Vater erkrankte, sie war 54, als er starb. In der Nazi-Zeit war sie eine Frau in den besten Jahren. Darüber denke ich heute viel nach. Da steht man schon manchmal am Grab und muss ein bisschen Abbitte leisten.
Ruth Hermges geb. Vergosen
Selbstständige, Jahrgang 1932

Als ich acht Jahre alt war, wurde ich häufig mit einem Fleischpaket zur Familie Zangers an der Stepgesstraße 27 geschickt. Herr Zangers war Jude, mit einer katholischen Frau verheiratet und zum katholischen Glauben übergetreten. An der Kaiserstraße gab es damals eine Gartenanlage, in der sich Juden versteckt hielten. Zwischen fünf und zehn Menschen hielten sich dort auf. Unter anderen kam auch Herr Zangers in diese Gemeinschaft, als er 1944 verschwinden musste. Bis dahin hatte ich das Fleisch bei ihm zu Hause an der Stepgesstraße abgegeben. Frau Zangers nahm mir das Paket immer ab. Mittags kam ich nach Hause und sagte meiner Mutter: „Der hat wieder nicht bezahlt." Meine Mutter meinte dann: „Es ist in Ordnung. Das rechne ich mit den Leuten später noch ab." Die Gartenanlage bestand aus vier Gärten, die am Ende zusammenstießen. Genau in der Mitte zwischen Wallstraße [die sich damals noch länger nördlich hinzog], Kaiser-, Regenten- und Hermannstraße stießen die Grundstücke hinten zusammen. Man muss sich das so vorstellen, dass jeder dieser Gärten ein Gartenhaus am Ende des Grundstückes hatte. Drei der Gartenhäuser waren einander angeschlossen und in diesem Bereich waren die Leute untergetaucht. Wie es üblich war in der Zeit der Bombenangriffe, machte man einfach einen Mauerdurchbruch hin zum angrenzenden Raum, durch den man wieder ins Freie hinauskonnte, falls man nach einem Angriff verschüttet war. Wenn es nun vorne an der Tür klingelte und womöglich die NSDAP kam, gingen die versteckten jüdischen Bewohner in die hinteren Räume. Der Eingang zum Durchgang wurde mit einer Bücherwand zugestellt. Kurt Hecht, der später Vorsteher der jüdischen Gemeinde war, gehörte damals auch zu der versteckten Gruppe. Er sagte noch 15 Jahre nach dem Krieg immer, wenn er mich sah: „Ach, da kommt unser Fleischlieferant!"
Wolfgang Plum (nicht-jüdisch)
Fleischermeister, Jahrgang 1932

Unsere Eltern waren zunächst unpolitisch gewesen. Vater war deutsch-national in dem Sinne, dass man der Obrigkeit gehorsam war und alles tat, was sie anordnete. Diese Haltung war aber keine politische, sondern man war in eine Tradition eingebettet, die die Gesellschaft geformt hatte, in der Schule und überall. Man war darin unkritisch. Dann änderte sich das langsam. Die Kritik kam in dem Moment, in dem offenkundig wurde, dass einer den anderen totschlug, dass man „Heil Hitler!" sagen musste, wo immer man war. Auch das angepasste Verhalten unserer eigenen Kirche trug dazu bei, dass man kritischer wurde. Wir als Gemeindejugend wurden auf Anordnung des Reichsbischofs Müller in die Hitler-Jugend überführt. Meine Mutter sagte mir dazu: „Wenn du auf Hitler schwörst, sagst du nichts. Du bewegst nur deine Lippen und tust so, als ob!"

Seit 1934 war die Evangelische Kirche zutiefst gespalten in Deutsche Christen und Bekennende Kirche: Die offizielle Evangelische Kirche befand sich seit 1933 bereits unter ihrem Reichsbischof Müller, einem Vertrauten Hitlers, auf dem Weg zu einem arischen Christentum, in welchem Juden und Judenchristen ausgeschlossen waren. Diesen so genannten Deutschen Christen trat die „Bekennende Kirche" in der Barmer Theologischen Erklärung

Familie Hollweg, von links: Mutter Henriette, Arnd, Hans-Georg, dahinter Inge, Dr. Ernst Hollweg und Dieter, um 1940.

von 1934 öffentlich entgegen. Dass in der Erklärung jedoch nicht gegen die Diskriminierung und Verfolgung der Juden Stellung genommen wurde, war gleichzeitig ein großes Versagen. Darin kam die Blindheit theologischen Denkens gegenüber der geschichtlichen Realität zum Ausdruck. Die evangelischen Gemeinden in Mönchengladbach gehörten der Bekennenden Kirche an. Mein Vater war damals Kirchmeister und als Kassenwart und Beauftragter für Finanzen Synodalschatzmeister in der Freien Synode Gladbach. Ein Jugendleiter in der Bekennenden Kirche war der Ingenieur und Chemiker Kurt Gerstein, der als Freund unserer Familie oft in unserem Haus zu Besuch war. Er wurde später durch das Theaterstück von Hochhuth „Der Stellvertreter" und den Film von Costa Gavras „Amen" bekannt. Zunächst ging es in Gersteins Gesprächen mit meinem Vater um Euthanasieprobleme, durch die mein Vater als Mitglied des Vorstandes der Anstalt Hephata herausgefordert war. Ich habe damals zusammen mit katholischen Freunden die Predigten von Bischof von Galen gegen die Euthanasie verteilt. Die Vernichtung angeblich lebensunwerten Lebens war ein Vorspiel zum Holocaust. Schon bald ging es um Verbreitung von Informationen über Judenvernichtung. Diese wurden in die Gemeinden der Bekennenden Kirche und in andere Richtungen weitergegeben. Wenigstens einige Juden konnten gewarnt und versteckt werden. Mein damals zehnjähriger Bruder Hans-Georg musste bei solchen Zusammenkünften vor der Haustür Wache halten, um rechtzeitig vor ungebetenen Gästen warnen zu können. Später hatte Hans-Georg noch andere Aufgaben: Er musste beispielsweise einen Juden im Wochenendhaus eines Presbyters mit Lebensmitteln versorgen. Ihn hatte mein Vater nicht mehr im Kofferraum seines Autos über die holländische Grenze bringen können. Ich habe später viel darüber nachgedacht, ob Vater uns vier Kinder mit den Rettungsaktionen für verfolgte Juden sehr gefährdet hat. Sie stellten ja eigentlich eine Gefahr für die ganze Familie dar. Die Gefährdung der eigenen Familie war eines der großen Probleme im Widerstand. Ich habe Vater später als ziemlich leichtsinnig eingeschätzt. Aber vielleicht war es ganz einfach Gottvertrauen.

Dr. Arnd Hollweg (nicht-jüdisch)
Theologe, freier Autor u. Sozialpsychologe, Jahrgang 1927

Mein Vater war schwerhörig, man musste deshalb ganz laut mit ihm sprechen. Wenn sich der kleine, politisch gewordene Kreis der Bekennenden Kirche bei uns traf, musste ich vor dem Haus auf der Straße aufpassen. Kam jemand vorbei, der nichts von solchen Zusammenkünften wissen durfte, gab ich Klingelzeichen. Zweimal Klingeln bedeutete „Vorsicht!", einmal Klingeln hieß Entwarnung. Ich machte „große Ohren" und bekam dadurch vieles mit, was eigentlich nicht für ein Kind bestimmt war. Wir wussten nicht, was mit den Juden geschah. Es hieß immer, sie werden im Osten angesiedelt. Dass sie der systematischen Vernichtung entgegengingen, erfuhren wir erst durch Kurt Gerstein. Trotzdem konnten wir, und zwar nicht nur wir Kinder, uns die Realität nicht vorstellen. Es war einfach damals unfassbar! Aufgewachsen in einem christlichen Elternhaus, das alle Gemeinheiten des Lebens von uns fernhielt nach der Devise „Alles ist geborgen in Gott", zeigten mir etliche Erlebnisse in der Zeit des „Dritten Reichs" die Wirklichkeit: der Brand der Synagoge, das Zusammenschlagen von wehrlosen Juden, die ungestrafte Zerstörung von jüdischen Geschäften. Seit 1943, also mit 12 Jahren, wusste ich, dass Juden und andere Menschen in Polen vergast wurden. Mit keinem Gleichaltrigen wagte ich das zu besprechen. Ich hatte immer große Angst. Von der heilen, christlich gesinnten Welt blieb für mich wenig übrig. Nach dem Krieg war ich dankbar, dass ich die grausame Nazizeit ohne körperliche Schäden überstanden hatte. Aber die seelischen blieben. Meine beiden Brüder wurden Theologen – ich wandte mich vom Glauben ab.

Hans-Georg Hollweg (nicht-jüdisch)
Kaufmann, Jahrgang 1929

Nach dem 10. November 1938 waren meine Eltern endlich überzeugt, dass es ums nackte Überleben ging. Mein Vater floh mit einer gefälschten Identitätskarte nach Frankreich. Mit meinen knapp vierzehn Jahren kam mir dies alles wie ein großes Abenteuer vor: Mit Schülermütze und Aktentasche durfte ich wichtige Dinge erledigen. Ich fuhr nach Köln, um Schiffskarten zu lösen, für das letzte Geld Kleinigkeiten zu kaufen und meinen Pass bei der Polizei zu verlangen. Natürlich war es damals riskant, alleine nach Köln zu fahren, aber meine Mutter hatte andere Dinge zu tun und ich fühlte mich sicher mit meiner Schülermütze, die ich eigentlich nicht mehr tragen durfte.

Unsere Geschäfte Weinberg & Co. waren arisiert, zu Spottpreisen verschleudert und von der Firma Kuhlen übernommen worden, die aber nach dem Krieg noch eine Entschädigung zahlte. Ich denke, dass die 52 Angestellten auch übernommen wurden. Was wir an Geld erhielten, musste auf ein Sperrkonto eingezahlt und durfte nur für gewisse Zwecke entnommen werden. Einen Teil unserer Kleidung und des Hausrats nahmen wir mit auf unsere Ausreise. Dafür mussten wir vom Sperrkonto laut Gesetz einen Beitrag zahlen, der Reichsfluchtsteuer hieß. Als wir unsere Wohnung aufgeben mussten, nahm Familie Aron uns auf der Rheydter Hauptstraße in ein Zimmer auf. Eine Rheydter Spedition packte für uns eine große Kiste und war äußerst lieb und gut zu uns. Auch der Zollbeamte, der zu meiner Mutter sagte, wo wir hinführen sei es doch sicher kalt und der deshalb erlaubte, alles einzupacken. Um sich bei diesem biederen,

Walter Salmon mit Schülermütze und seine Mutter Senta noch vor der Emigration aus Deutschland im Frühjahr 1939.

herzensguten Mann zu bedanken, schickte meine Mutter mich eine Karaffe Bier kaufen. Ich ging in die Wirtschaft Obholzer an der Odenkirchener Straße vis-à-vis der Post. Man warf mich trotz meiner Schülermütze ohne Bier hinaus: Ich hatte nicht das Schild gelesen, auf dem darauf hingewiesen wurde, dass für Juden, Hunde und Neger kein deutsches Bier gezapft würde.

Zu unserem Erstaunen konnten wir vom Sperrkontogeld eine Erste-Klasse-Kabine auf dem Schiff „Patria" kaufen, denn mein Vater hatte ein Visum für Bolivien bekommen. Vom Rheydter Hauptbahnhof aus fuhren wir im April 1939 nach Paris, wo mein Vater auf uns wartete. Ich wollte so schnell wie möglich zu ihm. Die Heimat zu verlassen war absolut nicht schwer. Als der Zug endlich über den Rhein fuhr, durfte ich meine erste Zigarette rauchen. Später erschien die französische Passkontrolle mit einem Kaffee für meine Mutter. Man sagte uns, dass wir nichts mehr zu befürchten hätten. Ein Zollbeamter, der Flüchtlingen heißen Kaffee servierte und herzliche Worte fand, war nach allem letzthin Erlebten genau der Hoffnungsstrahl, den wir brauchten.

Auch in Deutschland hatte es viele gute Menschen gegeben. Außer der Familie unseres Hauswirts Wienand Jansen denke ich an die Familie Mennen – der Sohn Josef traute sich, so lange mit mir zu verkehren, bis man ihm das vorwarf. Dann kann ich noch den Lehrer Abendroth erwähnen, die Namen vieler anderer sind mir schon entfallen.

Am Pariser Bahnhof Gare du Nord erwartete uns mein Vater. Wir waren nun heimatlos, arm unter fremden Menschen, aber übersprudelnd vor Glück, dass wir als Familie wieder vereint waren. Nachdem wir einen Monat in Paris verbracht hatten, hielt Hitler eine Rede voll von Kriegsandrohungen. Wir ließen daraufhin aus Vorsichtsgründen unsere schöne Kabine auf der deutschen „Patria" verfallen und ergatterten noch eine Überfahrt dritter Klasse auf einem englischen Schiff, der „Orbita". In einem mit Flüchtlingen überfüllten Zug fuhren wir nach La Rochelle, wo wir uns einschiffen mussten. Auf der „Orbita" wurden wir mit vielen anderen Menschen im Laderaum untergebracht. Die Engländer schienen zu wissen, dass Menschen in Not sich alles gefallen ließen. Schon in der ersten Nacht wurden die meisten seekrank. Reiseziel war Arica in Chile. Ende Mai 1939 ging es von dort nach La Paz/Bolivien. Hier trafen sich Menschen, die nirgendwo mehr Aufnahme fanden, die durch gemeinsame Not zusammengeschweißt waren und sich gegenseitig halfen. Die Heimatlosigkeit empfinde ich erst heute. Meine Eltern haben natürlich in jeder Beziehung den Verlust gefühlt: der Heimat, der Verwandten und Bekannten, die fast alle ermordet wurden, den Verlust der wirtschaftlichen Existenz, das Unverständliche der neuen Sprache, die Verschiedenheit der Kulturen. Ich vermisste damals gar nichts. Vom ersten Tag an versuchte ich, die Familie mit zu ernähren. Mein erster Job als 14-Jähriger in La Paz: Ich bekam eine Anstellung als Tütenkleber. Am zweiten Tag schon verlor ich meine stolze Stellung, weil ich mein Tagespensum nicht erfüllt hatte.

Ich bewundere noch immer die Emigranten-Generation meines Vaters, die so vollkommen aus ihrem Milieu gerissen wurde und, ohne einen Moment zu zaudern, zupackte und sofort einen neuen Start versuchte. Es ging natürlich nicht allen so. Speziell Akademiker fanden sich schwer zurecht, da sie ja keinen praktischen Beruf erlernt hatten. Mein Vater lernte in La Paz einen Herrn kennen, der sein Sozius wurde. Zusammen kauften sie eine Bäckerei. Beide waren Textilfachleute und hatten wohl noch nie gesehen, wie ein Backofen aus Lehm aussieht. Vater stand nun jeden Morgen um vier Uhr auf und ging zu Fuß den weiten Weg zur Bäckerei. Nach zwei Wochen wurde ich mitgenommen, um für fünf Dollar Monatslohn beim Brotverteilen und der Mehlversorgung zu helfen. Ich nahm mein Schicksal in die eigenen Hände und zog fortan jeden Morgen um sechs Uhr mit sieben indianischen Trägern, von denen jeder einen großen Korb mit Brot, Semmeln und süßem Gebäck trug, durch die Straßen von La Paz. Ich fing im Indianerviertel an, wo ich an die Einheimischen verkaufte. Anschließend gingen wir in die Emigrantenhäuser und preisten das Salmonbrot als das beste an. Am 1. September 1939 wagte ich den ganz großen Schritt und stellte mich mit meinen Brot- und Backwaren in der Einkaufsabteilung des neu eröffneten ersten großen Hotels in La Paz, dem „Gran Sucre Palace", vor. Ich bekam einen ganz kleinen Auftrag. Als ich fragte, ob sie mich nicht anstellen wollten, brachte man mich zum Schweizer Direktor, der mich schließlich trotz meines schlechten Spanischs, aber wegen meiner englischen und deutschen Kenntnisse einstellte. Ich wurde sofort zu einem Schneider geschickt und schon drei Tage später trat ich als Laufjunge in grüner, mit vielen Goldknöpfen besetzter Livree meinen Dienst an. Bis 1942 blieb ich im Hotel, arbeitete schwer und sparte eisern, sodass ich einen für damalige Zeiten ansehnlichen Betrag verdiente.

Von 1942 bis 1945 führte meine Familie die Bäckerei und auch unser neues Geschäft, ein Textilunternehmen, das aus dem Kauf von Schneiderbedarfsartikeln hervorgegangen war und das wir nun langsam auf Import umstellten. Mit 17 begann ich hier bei meinem Vater eine Lehre als Kaufmann. Ich lernte, was Wollwattierung, Steifleinen und Innenfutter sind, wie man kalkuliert und die Kunden überzeugt, dass wir das beste Ärmelfutter hatten. Mit 21 Jahren war ich Importeur. Ich habe Bolivien geliebt, wegen seiner herrlichen Natur und trotz aller seiner Fehler. Hier habe ich meine Frau Lisa – aus Leipzig – kennen gelernt, hier wurden mir vier Kinder geboren, hier liegen meine Eltern begraben. Zwar waren in Bolivien damals viele Häuserwände mit Parolen beschmutzt wie „Juden, ohne Gott und Vaterland, raus!" Andererseits sah ich nie, dass irgendein Bolivianer über unser ärmliches Spanisch auch nur gelächelt hätte. Hingegen waren unsere Leute so unerzogen, sich immer wieder in Gegenwart von Bolivianern in Deutsch zu unterhalten. Der Deutsche Club in La Paz bestand aus Nazis, die es mit denen in Deutschland und Österreich ohne weiteres aufnehmen konnten. Noch lange nach Kriegsende, bis in die jüngste Vergangenheit, wurden dort das Horst-Wessel-Lied gesungen und Leute wie Klaus Barbie [Chef der Gestapo in Lyon, bekannt als „Schlächter von Lyon"] beschützt.

Unsere zweite Auswanderung erfolgte im Jahr 1971 nach Argentinien. Ich dach-

Walter Salmon als Page im Hotel „Gran Sucre Palace" in La Paz/Bolivien.

te, dass meine Familienmitglieder in Bolivien noch über Generationen hinweg die „Gringos" bleiben und nie voll akzeptiert würden. Diese Annahme hat sich als falsch erwiesen: Die jüdischen Bürger sind dort angesehen und bekleiden hohe Ämter. Ich glaubte damals aber, dass meine Kinder in Argentinien eine bessere Zukunft hätten. Außerdem machte mir die Höhe von La Paz gesundheitlich immer mehr zu schaffen. Diese zweite Auswanderung war schwieriger als die erste. 1939 war ich der 14-jährige Junge, der erstaunt eine ganz neue Welt entdeckte. 1971 war ich ein Mann mittleren Alters, der diese zweite Emigration nur schwer verkraften konnte. In Bolivien bekannt, angesehen und beliebt, fand ich mich nun in der 12-Millionen-Stadt Buenos Aires – unbekannt, fast unmöglich, sich hineinzufinden, schon zu alt, um sich noch dazugehörig zu fühlen. Hier wurde mir noch mehr bewusst, wie wurzellos unsere Generation der jüdischen Auswanderer aus Nazi-Deutschland war.
Walter Salmon
Kaufmann, Jahrgang 1924

Lisa und Walter Salmon bei ihrer Hochzeit 1950.

Befragt, was es mit der Auswanderung während der NS-Zeit auf sich hatte, möchte ich sagen, dass dieses Thema staatlicherseits nur in Erwägung gezogen wurde, wenn vorher die Vermögensverhältnisse des jüdischen Auswanderungswilligen klar waren. Keiner bekam die Unbedenklichkeitsbescheinigung, die schließlich für die Auswanderungsgenehmigung notwendig war, wenn die Vermögensverhältnisse nicht geklärt waren. Das heißt: Die gesamten Grundstücke mussten vorher übertragen worden sein. Das galt für Firmeninhaber wie für private Grundstückseigentümer. Der Staat hat ja bei der Frage der Arisierung nicht unmittelbar eingegriffen, sondern durch die Judenverfolgung erreicht, dass auf diese Weise die Juden scheinbar freiwillig ihr Eigentum veräußerten. Warum? Weil sie auswandern wollten und weil sie dafür hier zahlen mussten aufgrund des Reichsfluchtsteuergesetzes und aufgrund des Vermögensabgabegesetzes. Die Reichsfluchtsteuer war keine nationalsozialistische Erfindung, sie ist aber während der NS-Zeit erhöht worden und damit war sie natürlich jüdisch orientiert. Das Gesetz selber existierte schon seit 1931, weil man im Rahmen der allgemeinen Vermögensflaute in Deutschland gesagt hat: „Wir können nicht dulden, dass so viele ins Ausland gehen, ohne dass etwas gezahlt wird." Heute könnte man im Prinzip auch eine Bundesfluchtsteuer erheben.

Es gibt einen Runderlass des Reichsministers der Finanzen über die Behandlung von Steuerrückständen im alten Österreich. Diese Steuerrückstände sollten grundsätzlich, wenn es sich um politisch zuverlässige Leute handelte, erlassen werden, aber dabei musste berücksichtigt werden, ob es sich um Juden handelte, denn die Ausnahmeregelung galt nicht für Juden. An dieser Stelle steht in dem damaligen Erlass praktisch eine halb-gesetzliche Bestimmung des Begriffs „Arisierung": nämlich die Überführung eines jüdischen Unternehmens in „deutsche" Hände. Aufgrund der Vermögensabgaben mussten Beträge bezahlt werden, die auch in Raten bezahlt werden konnten. Wenn dies der Fall war, mussten Sicherheiten geboten werden. Sonst bekamen die Leute wiederum keine Unbedenklichkeitsbescheinigung für die Auswanderung. Nun kam es darauf an, wie man die Raten sicherte. Ich kenne zwei Fälle: In dem einen Fall hatte ein jüdischer Grundstücksbesitzer, der verkaufen wollte, vorher eine Grundschuld zur Absicherung irgendeiner Schuld bei der Bank gegeben. Diese Grundschuld nahm man nun, obwohl sie dem Betreffenden gar nicht mehr zustand, und tat so, als ob sie frei wäre, nahm sie als Sicherheit, obwohl sie natürlich keine Sicherheit darstellte. Man hat, wenn man so will, den Staat betrogen, damit der auswanderungswillige Verkäufer den Verkauf abwickeln konnte.

In dem anderen Fall, der mir in diesem Zusammenhang bekannt ist, hat man als Sicherheit einen Grundstücksanteil an einem jüdischen Friedhof angegeben. Ein Grundstücksanteil an einem jüdischen Friedhof hatte natürlich überhaupt keinen Marktwert. Eine Realisierung der Sicherheiten fand nicht mehr statt. Solche Dinge gab es also. Wenn man heute das Thema Arisierung hört, dann sagt man im Prinzip immer: „Na ja, da haben diejenigen, die die Dinge erworben haben, alle ein Geschäft gemacht." Die Frage ist, ob das wirklich immer stimmt. Ich weiß von einigen Fällen, in denen ganz klar die Juden darum gebeten haben, dass man ihnen den Grundbesitz abkauft. Warum? Weil sie nur dann auswandern konnten. Sie standen unter Druck. Und es gibt zweierlei Menschen: Die einen nutzten diesen Druck aus und drückten den Preis radikal, die anderen Menschen machten etwas anderes: Wenn ein Grundstück zum Beispiel einen Preis von 20.000 Euro hat, werden die Abgaben nach dem Preis von 20.000 Euro bestimmt. Wenn aber in der Urkunde nur 10.000 erwähnt werden, dann richten sich natürlich die Abgaben nach den 10.000 Euro. Das heißt also: Jede Summe, die verdeckt gezahlt wurde, erschien nicht nach außen. Es gibt durchaus Fälle, in denen Leute im Rahmen der Enteignung – man kann ja bei der Arisierung von einer Enteignung sprechen – einen höheren Preis bezahlt haben als den, der in der Urkunde steht. Wird so etwas bekannt, sind die Verträge natürlich nichtig. Das ist aber nicht bekannt geworden. Berichtet wird heute immer nur über negative Dinge. Die positiven Dinge – wie die hier erläuterten Fälle – konnten ja nicht publik werden, weil sie dann nicht funktioniert hätten. Die heutige Tendenz, immer nur Negatives zu schildern, beruht allein auf der Tatsache, dass die positiven Dinge eben nicht nach außen getreten sind. Nicht nur derjenige, der Juden verborgen hat, ist ein positiv zu beurteilender Mensch, sondern auch der, der solche Tricks gefunden hat.

Dr. Hansgeorg Erckens (nicht-jüdisch)
Rechtsanwalt, Jahrgang 1930

Wir waren in Rheindahlen gut bekannt, mein Vater angesehen und beliebt. Er war ein sehr großzügiger Mann, hatte eine Menge Dinge für Rheindahlen und die Menschen dort getan. Bis 1933 hatte ich eine normale Kindheit ohne schlechte Erfahrungen. Dann fing es an, dass die Leute die Straßenseite wechselten, wenn sie uns sahen, damit sie nicht mit uns reden oder Hallo sagen mussten. Wir machten sonst keine schlechten Erfahrungen dort, außer, dass die Leute später nicht mehr in unser Geschäft Kaufhaus Esser kamen. Sie hatten Angst. Uns gegenüber auf der Beecker Straße befand sich das Hauptquartier der Nazi-Partei. Einige Häuser weiter gab es auch eine Kneipe, von wo aus sie uns Tag und Nacht beobachteten. Ich kann nicht sagen, dass ich jemals ein Schild „Kauft nicht bei Juden" sah, aber jemand stand an der Ecke um zu prüfen, wer in den Laden kam. Schließlich hatten wir nicht mehr genug Kunden. Meinem Vater gelang es, einen Käufer für unser Geschäft zu finden, das im Jahr 1938 an Herrn Karl Christmann verkauft wurde. Wir selbst zogen nach Krefeld, wo die Schwestern meines Vaters lebten. Meine Eltern konnten in Krefeld nichts tun, auch nicht arbeiten. Ich wurde im Büro der Firma Rosen beschäftigt, einer Seidenweberei, und erledigte englische Korrespondenz. Mein Bruder Erich ging nach Amerika. Es gab dort einen Halbbruder meines Vaters, der in Pittsburg lebte. Mutter und Vater wussten beide, dass es in Deutschland für uns keine Hoffnung mehr gab, aber Vater wollte nicht gehen. Seine berühmten Worte lauteten: „Mir kann nichts passieren". Er war vier Jahre lang Soldat im Ersten Weltkrieg gewesen und danach mit einem schlimmen Lungenschuss nach Hause zurückgekommen. Er litt sehr darunter, war aber noch in der Lage, im Geschäft zu arbeiten. Deshalb und weil er einer von denen war, die glaubten, es sei nur eine kurze Episode, bis sich die politischen Verhältnisse wieder ändern würden, wollte mein Vater nicht aus Deutschland weggehen.

1939 entschied ich mich, nach England auszuwandern. Ich musste nur zur Botschaft gehen und ein Visum beantragen. Zwei ausgewanderte Freunde hatten mir einen Job auf einer Farm besorgt und so klappte es. Im Juli 1939 verließ ich Deutschland, meine Eltern blieben in Krefeld. In die USA konnte ich noch nicht. Es war natürlich sehr schwer für mich, meine Eltern zu verlassen. Nach Kriegsausbruch 1939 war von England aus kein Kontakt zu meinen Eltern mehr möglich. Ich stand aber in Verbindung mit meinem Bruder. Er war glücklich, in den USA leben zu können, obwohl er sich mit verschiedenen Jobs durchschlagen musste. Nachdem ich weggegangen war, zogen meine Eltern in eine kleinere Wohnung. Sie wussten, dass sie dort auch nicht würden bleiben können und bewarben sich um ein Visum, aber sie bekamen eine viel höhere Nummer als ich und so lag die Auswanderung in weiter Ferne. Mein Vater wollte eigentlich immer noch nicht weggehen, aber er sagte, er würde es tun, wenn er könnte. In England arbeitete ich als Hausangestellte, putzte, half bei der Wäsche, beim Kochen und in der Molkerei einer Farm. Die Leute dort waren wunderbar, sprachen zwar kein Wort Deutsch, aber ich dafür Englisch. Ich wusste, dass ich die Vergangenheit vergessen musste. An dem, was geschehen war, war nichts zu ändern. Ich lernte weiter Englisch und wollte kein Deutsch mehr sprechen. Warum sollte ich auch? Vom Schicksal der Juden während des Krieges erfuhr ich in dieser Zeit nicht viel. Erst später, in den USA, hörte ich davon. Ich war nur neun Monate in England. Dann kam meine Affidavit-Nummer [Affidavit = Eidesstattliche Versicherung betreffend die Vollständigkeit und Richtigkeit der im Vermögensverzeichnis gemachten Angaben] an die Reihe und ich erhielt ein Visum für die USA, wohin ich am 11. Mai 1940 gelangte. Ich ging nach Pittsburg zu meinem Bruder und meinem Onkel und blieb, bis ich einen Job als Hausangestellte bekam. Im November 1941 ging ich wieder zur Schule. Finanziell unterstützte mich mein Onkel in dieser Zeit. Er und mein Bruder versuchten vergeblich, auch meine Eltern in die USA zu holen. 1941 starb mein Vater, 1942 kam das Ende für meine Mutter. Ich erfuhr aber erst nach dem Krieg durch das Rote Kreuz, dass sie deportiert worden war. Dann kam mein Bruder ums Leben. Nachdem Amerika Deutschland 1941 den Krieg erklärt hatte, war Erich 1942 zur Armee eingezogen worden. Er verließ die USA als amerikanischer Soldat im März

Im Juli 1937 waren sie noch zusammen: Henriette, Erich, Hilda und Albert Nathan aus Rheindahlen. Quelle: Stadtarchiv Mönchengladbach 10/39852 aus Privatbesitz Hilda Nathan

1944, im September wurde er durch einen deutschen Angriff in Holland getötet. Ich war jetzt ohne Familie. Das Leben war nicht einfach, aber ich bewältigte es. Ich hatte Glück und viel Hilfe von anderen Menschen. Die Lehrerkollegen in Pittsburg zum Beispiel halfen mir und interessierten sich für mich, weil ich nicht war wie die anderen. Nachdem ich eine weitere Höhere Handelsschule in Englisch besucht hatte, wurde mir 1941 eine Lehrerstelle angeboten. Ich nahm sie an. Später bekam ich weitere Lehrerstellen in einer kleinen Stadt. Ich lehrte hauptsächlich Buchführung. 1943 hatte ich das Glück, zur Familie einer Freundin ziehen zu können. Bis 1946 arbeitete ich als Lehrerin, dann bekam ich eine Stelle als Hauptbuchführerin an einem kleinen College. So schnell wie möglich wurde ich Amerikanerin: 1947 erhielt ich meine US-Staatsbürgerschaft. Natürlich fragten mich die Leute hier in Amerika nach der Vergangenheit. Ich erzählte ihnen nicht viel, wollte nicht darüber reden. Es war schwierig, darüber zu sprechen, weil die Leute nicht die Umstände verstanden, unter welchen die Dinge sich ereignet hatten, was und warum etwas passiert war. Es war unmöglich, das alles jemandem zu erklären, der nichts darüber wusste.
Hilda Nathan
Lehrerin/Buchhalterin, Jahrgang 1918

Zu meinen Freunden in Mönchengladbach gehörten Hans und Walter Mannheimer. Die Familie wohnte an der Mozartstraße 7, hatte ein großes Haus, Diener und auch Pferde. Herr Mannheimer besaß eine Textilausrüstungsfabrik. Man sagte von ihm, er sei einer der reichsten Männer in der jüdischen Gemeinde. Später hat man ihn in Dachau schwer geschlagen. Er durfte gehen unter der Bedingung, dass er Deutschland sofort verlassen werde. Mannheimer emigrierte mit zehn Reichsmark und lebte miserabel in New York, Frau Mannheimer arbeitete als Dienstmädchen. Aber ihre Söhne Hans und Walter sind später als Chemiker in Amerika wohlhabend geworden.

Nachdem mein Vater 1968 in Los Angeles gestorben war, erzählte meine Mutter mir sehr viel von früher. Sie schilderte, wie sie eines Tages gehört hatte, dass Goebbels in Rheydt eine Ansprache halten werde und war hingegangen. Dass eine kleine jüdische Frau – und sie war winzig! – in so eine Versammlung ging, ist unglaublich. Sie kam nach Hause, überzeugt, dass es ein Blutbad in Deutschland geben würde. Meine Mutter war so aufgeregt darüber, dass sie am nächsten Tag zu Boltze ging und eine Ausgabe von „Mein Kampf" kaufte. Eines Abends hatte sie in dem Buch gelesen. Vater war aufgewacht und fragte: „Was liest du denn da?" Als er entdeckte, dass es „Mein Kampf" war, riss er das Buch aus Mutters Hand und verbrannte es im Keller in der Kohlenheizung. Dann ging er wieder hinauf und sagte: „Änni, das darf ich aber nie wieder bei dir sehen!" Mutter sah Schreckliches kommen. Lange vor Hitler dachte sie schon an Emigration und bereitete unsere Auswanderung vor, obwohl Vater nicht dafür war. Sie lernte Italienisch und arrangierte, dass ich nach England zur Schule gehen konnte. 1933 schickte sie mich mit Herrn Munsch, unserem Tutor, und unseren Fahrrädern nach Großbritannien. Ich wusste damals nicht warum, aber sie bereitete mich mit dieser Reise auf das Land vor. Meinen zweiten Bruder schickte sie in die Schweiz, damit er Französisch lernte und Michael kam in ein holländisches Kinderheim. Vater lehnte sich lange gegen die Auswanderung auf. Aber Mutter setzte sich durch. 1937 wanderten meine Eltern endlich aus. Zuerst zogen sie nach England, in die kleine Stadt, wo erst ich und dann meine Brüder zur Schule gingen. Für Vater war die Übersiedlung besonders schwer, da er Englisch von Grund auf lernen musste. Manchmal fragte ich mich, ob es möglich sei, dass ihn, den 54-jährigen ehemaligen Frontsoldaten, der unter dem Nazi-Regime so viele Schmähungen hatte ertragen müssen, sogar unser deutscher Familienname Kirchheimer täglich an die Schmach erinnerte. Eines Tages war ich zufällig im Nebenzimmer und hörte, wie er mit großer Mühe versuchte, englische Worte zu wiederholen, die seine Lehrerin ihm vorsprach. Da kam mir die Idee mit einer Namensänderung: Könnte so etwas ihm helfen, sich in die noch fremde Sprach- und Kulturwelt einzuleben? Dann geschah etwas, das wie eine Antwort auf diese Frage wirkte. Ich sah einen Metzgerei-Lieferwagen, auf dem geschrieben stand „A.J. Kirk – New Zeeland Frozen meats" [A.J. Kirk – Tiefkühlfleisch aus Neuseeland]. Aha, sagte ich mir, hier ist ein englischer Name, der, obwohl kürzer, doch an unseren erinnert. Das besprach ich mit den Eltern, denen die Idee einer Namensänderung gefiel. Ein Jahr später, nach unserer Auswanderung nach Amerika, wurde unser Familienname offiziell in Kirk geändert. Was wir damals aber nicht wussten: Der Name stammte nicht aus England, sondern aus Schottland, ein Unterschied, der besonders hier in Kanada allerhand bedeutet. Leider dachten manche Leute, die uns als Juden kannten oder als solche einschätzten, dass wir mit der Namensänderung unsere Abstammung verleugnen wollten. Deshalb denke ich manchmal daran, den alten Familiennamen wieder anzunehmen, was aber andere Probleme mit sich brächte: Da meine Kinder und Enkelkinder Kirk heißen, darf ich mich jetzt nicht namensweise von ihnen trennen.

Nach der Übersiedlung nach Amerika im Jahr 1938 lebte Vater sich ganz gut ein und er wurde auch ein wirklich guter Amerikaner. Etwa 1940 eröffnete er mit einem ehemaligen Gladbacher namens Weidemann eine kleine Fabrik für Damenblusen: Kirk & Weidemann.
Dr. Heinz D. Kirk (Kirchheimer)
Soziologe, Jahrgang 1918

Als der Krieg im September 1939 ausbrach, lebte eine meiner Schwestern schon in Amerika, ich in England und meine älteste Schwester Gerti, geb. 1902, war nach Holland ausgewandert. Sie hatte eine Erlaubnis für meine Eltern, ebenfalls nach Holland zu kommen. Aber mein Vater Sigmund – geboren 1868 – wollte einfach nicht auswandern. Dabei hatten wir Kunden in Holland und er sprach auch Holländisch. Ich vergesse nie, wie jemand, den wir kannten, während der NS-Zeit nach Amerika auswanderte. Zu dieser Zeit konnte man noch die Hälfte seines Geldes mitnehmen, die andere Hälfte musste man im Land lassen. Ich höre immer noch meinen Vater sagen: „Wie dumm! Wie konnte er nur so viel Geld hier lassen!" Später musste man alles zurücklassen. Ich selbst verließ Deutschland mit nichts als zehn Reichsmark und einem Koffer mit meinen Kleidern. Ich rege mich jetzt noch darüber auf, dass mein Vater damals immer sagte, uns werde nichts geschehen. Auch meine Mutter wollte nicht gehen. Beide sahen die Gefahr nicht. Die Familie meines Vaters ließ sich in Deutschland bis ins 15. Jahrhundert zurückführen. Er war deutsch durch und durch. Und Hitler war kein Deutscher, sprach deutsch mit Akzent. Mein Vater dachte, es werde vorübergehen. Außerdem glaubte er irrigerweise, durch die Freundschaft zu einem Schulkameraden geschützt zu sein, der Vater eines Obersturmbannführers war, des Top-Nazis der Stadt. Und vor allem: Es war ja nicht so einfach auszuwandern. Abgesehen davon:

Wer konnte sich mit gesundem Menschenverstand schon vorstellen, dass ganz normale Leute systematisch Millionen von Menschen, Männer, Frauen und Kinder umbringen würden?

Nachdem wir unser großes Haus an der Freiheitsstraße 3 [heute Zur Burgmühle] verloren hatten, mieteten wir zwei Räume an der Hindenburgstraße. Ich wartete auf das Umzugsauto, das uns nach Mönchengladbach bringen sollte, als unsere frühere Nachbarin, Frau Oberamtsgerichtsrat Poetting, und ihre Tochter Lotte vorbeikamen. Als Kinder hatten Lotte und ich miteinander gespielt und uns mal bei mir, mal bei ihr zu Hause aufgehalten. Wie auf Kommando drehten beide ihre Köpfe jetzt von mir weg zur Seite, um mir zu zeigen, was sie von mir als Jüdin dachten.

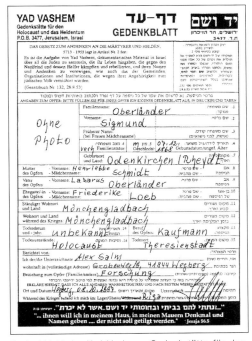

Gedenkblatt der Yad Vashem „Gedenkstätte für den Holocaust und das Heldentum": Sigmund Oberländer, Ruth Lansings Vater, starb in Auschwitz, wohin er zusammen mit seiner Frau Friederike am 26. September 1942 deportiert worden war. Quelle: Yad Vashem, Jerusalem/Israel

Erst dann überquerten sie die Straße. Am nächsten Tag verließ ich die Stadt und ging nach London. Das ist meine letzte Erinnerung an Deutschland, an Odenkirchen, wo ich 20 Jahre lebte.

Nach England kam ich kurz vor Kriegsausbruch. Ich konnte Deutschland verlassen, weil eine Cousine in England mir einen Job als Dienstmädchen besorgt hatte. Es war der einzige Weg, herauszukommen. Zehn Jahre nach meiner Auswanderung nach England – 1948 – ging ich nach Amerika, nach Buffalo im Staat New York. In Deutschland war ich eine „schmutzige Jüdin" gewesen, in England wurde ich „bloody foreigner" genannt, ein Schimpfwort für Ausländer. Ich hatte aber meine Freunde in England, meine Arbeit und kümmerte mich nicht weiter darum. Ich traf andere jüdische Leute in London, einige kamen aus Deutschland oder aus Wien. Wir waren alle miteinander befreundet und fanden Jobs im Haushaltsbereich. Es war die einzige Betätigung, der wir nachgehen durften. Während meiner Zeit in London gab es die Einsätze der „Flying Fortress" gegen Hitler-Deutschland. Alle waren begeistert davon, dass es den Deutschen jetzt gegeben würde, nachdem sie angegriffen hatten. Es war ein Fehler, Dresden zu bombardieren. Es war falsch! Alle diese Menschen, all' diese wunderschönen Gebäude! Das war meine Empfindung, als ich damals im Februar 1945 in London war. Nach dem Krieg kam ich für das US-Kriegsministerium im Oktober 1945 zum ersten Mal wieder nach Deutschland. Zuerst arbeitete ich für die Zensurbehörde, dann als Übersetzerin bei den Nürnberger Prozessen. Interessant: Ich fand plötzlich keinen einzigen Nazi mehr dort. Niemand war einer gewesen. Vom Tod meiner Mutter, meines Vaters und meiner ältesten Schwester Gerti in Auschwitz erfuhr ich erst viele Monate nach Kriegsende. Ich war aber niemals ganz sicher, bis ich Theresienstadt besuchte und die Daten ihrer Abfahrt nach Auschwitz entdeckte. Ich hatte deshalb nach dem Krieg nicht sehr viel Sympathie für die Deutschen. Meine Meinung hat sich etwas geändert, als ich Herrn Arthur Keßelers Organisation, die „Gesellschaft für Christlich-Jüdische Zusammenarbeit" in Mönchengladbach, kennen lernte. Ich war sehr beeindruckt von Herrn Keßeler und hoffe, dass seine Arbeit und die Arbeit derer, die ihm folgten, einen positiven Einfluss haben.

Ruth Lansing geb. Oberländer
Immobilienmaklerin, Jahrgang 1918

Ich erinnere mich an ein Gespräch meines Vaters mit seinem Schwager und Teilhaber Max Grünewald, als dieser noch unentschlossen war, nach Holland auszuwandern. Nahe an der deutschen Grenze, in Arcen, konnte er einen kleinen Bauernhof kaufen, den er bewirtschaften sollte. Onkel Max hatte keine Ahnung von Landwirtschaft. Er sprach darüber mit meinem Vater und ich hörte zufällig, wie dieser sagte: „Wenn du nicht gehst, gehe ich." Da erst wurde mir bewusst, wie ernst die Dinge standen. 1938 suchten meine Eltern nach Möglichkeiten, aus Deutschland auszuwandern, ganz gleich wohin – Australien, Palästina, USA, Südamerika – alles war schwierig. Aber nun kam uns Familie Schaffrath aus Rheydt zur Hilfe, die nach Buenos Aires ausgewandert war. Es war schwierig, für uns eine so genannte „llamada", eine Einreise-Erlaubnis, zu erhalten, denn wenn keine verwandtschaftlichen Beziehungen bestanden, musste man einen Arbeitsvertrag vorlegen können. Und alles kostete Geld. Karl Schaffrath gelang es, meinem Vater einen Arbeitskontrakt mit einer Tabakwaren-Firma zu vermitteln. Um das Visum wirklich zu bekommen, sollte mein Vater jetzt beweisen, dass er Techniker für Zigarrenherstellung sei, also einen Spezialberuf ausübte. Nun war guter Rat teuer. Zwar rauchte mein Vater gerne eine gute Zigarre, aber er hatte keine Ahnung, wie man sie fabrizierte. Die Rettung kam von zwei Seiten. Erstens von Frieda Wallach, einer Kusine meines Vaters, deren Vater Hermann Wallach eine Zigarrenfabrik mit Verkaufsladen betrieben hatte. Frieda bescheinigte, dass Herr Max Mayer bei ihrem Vater beschäftigt gewesen sei und zwar als Fachmann für „Special Cigarren-Farbpuder". Immerhin kam das Wort Farbe darin vor, wovon mein Vater nun wirklich viel verstand. Zweitens bestätigte der Polizeiobermeister Jansen vom 3. Polizeirevier M.Gladbach-Rheydt an der Johannesstraße die Richtigkeit dieser Angaben. Er rettete damit unser Leben und gefährdete sein eigenes. Mit dem Zeugnis von Frieda Wallach, die übrigens selbst in der NS-Zeit umkam, erhielten wir am 1. September 1939 endlich unsere Einreiseerlaubnis für Argentinien. Erst am 5. Oktober übersandte uns das Reisebüro Jos. Peeters in Venlo die Passagen für die Überfahrt nach Buenos Aires an Bord des belgischen Schiffes „Macedonier".

Nun mussten wir in Deutschland die nötigen Papiere zur Auswanderungsgenehmigung beschaffen. Das hieß: Judenabgabe, Leumundszeugnis für meine Eltern, ausgestellt vom Polizeipräsidenten M.Gladbach-Rheydt, Führungszeugnis für beide und auch für mich, ärztliches Zeugnis, dass wir alle nicht an Lepra, Elefantiasis, Krebs, Tuberkulose litten, nicht blind noch stumm waren, noch geisteskrank und auch keine Trachoma (eine Augenkrankheit) hatten. Weiter musste eine Unbedenklichkeitsbescheinigung des Finanzamts M.Gladbach besorgt werden. Diese wurde meinem Vater am 30. August 1939 ausgestellt. Darin war zu lesen: „Gegen die Auswanderung des Max Israel Mayer u. seiner Ehefrau Berta Sara geb. Horn, sowie seiner Kinder Liesel Sara und Josef Israel bestehen keine steuerlichen Bedenken. Reichsfluchtsteuer und Judenvermögensabgabe kommen nicht in Frage." Trotzdem verlangte man noch eine Bestätigung der Stadthauptkasse M.Gladbach, dass die Steuerkonten von Max Israel Mayer keine Rückstände auswiesen noch sonstige Forderungen der Stadt gegen ihn bestanden und dass infolgedessen keine Bedenken gegen die Auswanderung von der Kasse erhoben wurden. Ausgestellt am 25. September 1939, gültig bis zum 15. November 1939. Auf dem Finanzamt Mönchengladbach passierte meinem Vater noch folgendes: Der Beamte, der die Namen der wartenden Personen nannte, rief ihn mit „der Jude Max Mayer" auf. Unter den anwesenden Leuten stand auch eine frühere Angestellte meiner Eltern, die wegschaute, um dem „Juden Max Mayer" nicht öffentlich die Hand geben zu müssen. Mein Vater hatte zwar das Gefühl, dass sie es eigentlich schon wollte, aber sie fürchtete sich.

Da wir nun alle Papiere zusammen hatten, inklusive einer „Auswanderungsabgabe der Reichsvereinigung der Juden in Deutschland" mit Bestätigung der Synagogengemeinde M.Gladbach, dass wir nichts schuldig waren, begannen wir mit dem Verpacken unserer Kleider. Dies geschah durch eine Speditionsgesellschaft im Beisein von Zoll- oder Devisenbeamten. Es wurde alles in große Schrankkoffer verpackt, die direkt nach Antwerpen an das Schiff „Macedonier" versandt wurden. Damit wir unsere vier Steppdecken, Kissen, ein paar Bestecke und die Reiseschreibmaschine hinzu packen durften, überließ meine Mutter dem Zollbeamten stillschweigend das Klavier meiner Großmutter. Unsere ganze Kultur und Existenz war in Deutschland verwurzelt, hier hatte unser Geschäft seit über 50 Jahren bestanden. Es war sehr schwer, vor allen Dingen für meine Eltern, dies alles aufzugeben und in ein Land zu ziehen, dessen Sprache und Kultur man nicht kannte.

Nachdem das Verpacken unserer Habseligkeiten erledigt war, konnten wir endlich Anfang Oktober 1939 über Belgien auswandern. An der Grenze bei Aachen wurde mein Vater noch fürchterlich von einem Zollbeamten geschlagen. Ausdrücke wie „Zieh' dich rascher aus, Judenschwein" fielen. Bei Abfahrt des Zuges stand der Zollbeamte auf dem Bahnsteig. Mein Vater sagte zu mir: „Merk' Dir dieses Gesicht. Dies ist der einzige Mensch, der deinen Vater geschlagen hat, ohne dass er sich wehren durfte." Nach einem Tag Aufenthalt in Brüssel schifften wir uns am 11. Oktober 1939 in Antwerpen ein. Es begleiteten uns wenige Koffer und die Hoffnung, heil durch den Ärmelkanal zu kommen, denn der Zweite Weltkrieg hatte ja schon begonnen. Den Frachtcontainer, in dem unser ganzes Hab und Gut verpackt worden war, sahen wir nie wieder. Er kam bis zu einer Speditionsgesellschaft in Antwerpen und wurde dort von der deutschen Besatzungsmacht beschlagnahmt. Wir wurden am Bug des Schiffes in einer winzigen Kabine mit zwei Doppelbetten untergebracht. Mein Bruder und ich belegten die oberen Betten, direkt über uns war eine Fensterluke. Ich weiß nicht, wie meinen Eltern zumute war, für uns Kinder war alles ein Abenteuer.

Unsere Mitreisenden bestanden aus einer bunt zusammen gewürfelten Gesellschaft. Da gab es jüdische Emigranten aus Deutschland, Polen und Österreich, südamerikanische Studenten und Diplomaten, Deutsche, die mit Argentiniern verheiratet waren usw. Die Mahlzeiten wurden an langen Holztischen eingenommen, in einem Raum, an dessen Ende sich die einzigen zwei Bäder befanden, deren Abflüsse manchmal verstopften. Dann floss das Wasser unter die Tische. Rings herum lagen die Kabinen. Trotz all dieser Unbequemlichkeiten war das Zusammenleben der Reisegesellschaft während der 33 Tage auf hoher See harmonisch. Meist war man bei guter Laune, denn alle hatten nur ein Ziel – raus aus Europa und dem Krieg entfliehen. Nach über einem Monat erreichten wir endlich den Hafen von Buenos Aires, wo wir von Familie Schaffrath und meinem Onkel Josef Mayer empfangen wurden.

Als wir unseren argentinischen Identitätsausweis „Cédula de identidad" beantragten, wurden alle Namen, soweit dies möglich war, übersetzt. So hieß mein Vater Max nun Maximo, mein Bruder Josef ab jetzt José, aber meine Mutter weiterhin Berta, da dieser Name nicht übersetzt werden konnte und außerdem in Argentinien verbreitet war. Mich fragte der Beamte, ob ich Alicia oder Elisa – als Übersetzung von Liesel – heißen wolle. Mir war das gleichgültig, weil für mich sowieso beide Namen fremd klangen, und ich wählte Alicia. Da in unserem deutschen Pass, mit dem wir 1939 in Argentinien einreisten, auch Sara als zweiter Name stand, wurde dieser hinzugefügt. Seitdem steht auf allen meinen argentinischen Dokumenten Alicia Sara, was mich heutzutage nicht stört.

In Argentinien war man deutschfreundlich eingestellt. Uns war es unangenehm, als Deutsche oder sogar Nazis eingestuft zu werden. Als das Land dann ganz zum Schluss in den Krieg eintrat, schloss man deutsche Firmen und Clubs. Wir jüdischen Deutschen stellten einen Antrag, damit wir nicht als feindliche Ausländer angesehen würden. Stellen Sie sich vor, dass uns das J im Pass geholfen hat! Wir mussten unsere Pässe abgeben, um einen Ausweis zu bekommen, der uns als nicht-feindliche Ausländer auswies und wurden im August 1945 für heimatlos erklärt. Dieser Zustand änderte sich erst, als wir auf unseren Antrag hin am 22. Mai 1953 eine neue Einbürgerungsurkunde der Bundesrepublik Deutschland ausgehändigt bekamen, in dem die BRD im Nachhinein unsere durch Nazi-Deutschland entzogene deutsche Staatsbürgerschaft wieder anerkannte. In meinem neuen deutschen Pass steht jetzt natürlich nur noch Liesel.

Mein Vater kam besser mit der Einwanderung zurecht als meine Mutter. Er erhielt sofort Arbeit als Anstreicher bei einer Malerfirma. Jahre später arbeitete er dann selbstständig, aber ein Geschäft konnte er sich nie mehr aufbauen. Meine Mutter blieb zu Hause, denn wir vermieteten damals Zimmer. Was beide am meisten vermissten: als erstes die nähere Verwandtschaft, dann vor allem die Landschaft und die Möglichkeit, wie zu Hause in Deutschland in einer halben Stunde im Wald zu sein. Meine Mutter lernte das Spanische nie richtig, mein Vater einigermaßen. In dem einzigen Fotoalbum, das mit uns bis Argentinien gekommen ist, sind wenige Fotos von Ende 1937 bis Mitte 1938 enthalten. Auf einem dieser Fotos sitze ich mit meiner Freundin Ilse Süßkind, die mit 16 Jahren im Holocaust umkam, auf dem Sofa. Ob mein Vater Fotos von unserem Wohnzimmer aufnahm in der unbewussten Absicht, eine Erinnerung festzuhalten?

Eine Berufsausbildung erhielt ich aufgrund der Ereignisse nicht, aber ich eignete mir vieles selbst an, absolvierte kaufmännische Kurse, Literatur- und Fachkurse. 1946 heiratete ich in Buenos Aires. Mein Mann kam aus Gelsenkirchen, hatte zuletzt in Wuppertal-Elberfeld gewohnt und war 1936 ausgewandert. Wir lernten uns in Argentinien kennen. Beruflich machte ich zuerst alles Mögliche: Ich war Kindermädchen, Aufseherin in einem Kinderheim, dann lernte ich Stenografie und Schreibmaschine und war ab 1942 sechs Jahre als Sekretärin tätig. 1948 wurde mein erster Sohn Roberto geboren und ich arbeitete zunächst nicht weiter. 1952 kam mein zweiter Sohn Enrique. Zwischendurch machte ich Gelegenheitsarbeiten als Sekretärin, hauptsächlich deutsche Korrespondenz. 1958 ergab sich die Sache mit der Blockflöte: Ich habe niemals ein Diplom bekommen, erarbeitete mir das Unterrichten autodidaktisch. Auch nahm ich an einem Intensivkurs für Musiklehrer am hiesigen Collegium Musicum teil, das von Flüchtlingsmusikern wie z.B. Ljerko Spiller, Hilde Heinitz Weil u.a. gegründet worden war und an dem diese lehrten. Anscheinend hatte ich eine pädagogische Ader: Ich gab Blockflötenunterricht mit ziemlichem Erfolg. Übrigens kaufte ich am 17. August 1960 die ersten Noten, die ich für meinen Unterricht brauchte, durch Frieda Spillecke bei der Buchhandlung Geschw. Novender, Lichthof 3 in Mönchengladbach. Ich habe sogar noch die Rechnung. Auch Violinnoten für meine Söhne waren dabei und sogar Flötenwischer, die es damals hier in Argentinien noch nicht gab.

Liesel Bein geb. Mayer
Sekretärin, Jahrgang 1926

Vorbemerkung der Autorin:
Am 13. Mai 1939 ging der Ozeandampfer „St. Louis" von Hamburg aus mit 937 jüdischen Flüchtlingen aus Nazi-Deutschland auf große Fahrt. Ziel: Havanna. Unter den Passagieren befand sich das Ehepaar Lilly und Josef Joseph aus Rheydt mit Tochter Liesl. An der kubanischen Küste angekommen, verweigerte die Regierung in Havanna entgegen den Vereinbarungen und trotz gültiger Visa den Passagiere die Einreise. Nachdem auch die USA die Flüchtlinge nicht aufnehmen wollten, musste die „St. Louis" zum Entsetzen der jüdischen Passagiere nach Europa zurückkehren, wo sich Belgien, Frankreich, Holland und dann auch Großbritannien schließlich bereit erklärten, die Verzweifelten aufzunehmen und sie somit vor einer Rückkehr ins Deutsche Reich zu bewahren. Am 17. Juni 1939 konnten die Passagiere in Antwerpen an Land gehen. Viele von ihnen fielen später noch in Konzentrationslagern dem Naziregime zum Opfer. Jene, die nach England kamen, überlebten den Krieg – darunter Familie Joseph aus Rheydt.

Über die Reise auf der St. Louis ist ja schon viel geschrieben worden, die Geschichte wurde sogar verfilmt und erschien in der Edition Sven Erik Bergh als Buch „Das Schiff der Verdammten. Die Irrfahrt der St. Louis" von Gordon Thomas und Max Morgan-Witts. Meine Mutter hatte sich extra für die Überfahrt auf der St. Louis ein Abendkleid nähen lassen. Dies zeigt, wie naiv man im Grunde damals vor Beginn der Reise war. Vor kurzem übergab ich das Abendkleid dem Holocaust Memorial Museum in Washington, DC.

Nachdem die Krise vor der Küste von Havanna eingetreten war und man uns die Einreise verweigerte, sahen meine Mutter und ich nicht mehr viel von meinem Vater. Er wurde damals von Kapitän Schröder aufgefordert, dem Passagierkomitee beizutreten, zu dessen Präsident er gewählt wurde. Das Komitee rettete das Leben der Passagiere, indem es die Hoffnung aufrecht erhielt und größere Katastrophen an Bord verhinderte. Ein Passagier hatte sich im Hafen von Havanna ins Wasser gestürzt, wurde aber von einem deutschen Matrosen gerettet. In den Papieren meines Vaters fand ich einen abgerissenen Zettel, auf dem stand: „Wenn das Schiff nach Hamburg zurückkehrt, finden Sie über 100 leere Kabinen". [Passagiere hatten angekündigt, sich ins Meer zu stürzen, sollten sie ins Deutsche Reich zurückkehren müssen. Anm. d. Autorin]

Kindern fällt es leicht, sich an eine neue Umgebung zu gewöhnen. Doch für Menschen wie meine Eltern, die alles verloren hatten und wieder ganz von vorne anfangen mussten in einem fremden Land, war es sehr schwierig. Unser Vermögen bestand damals bei der Ausreise aus Deutschland aus 10 Reichsmark pro Person – zurzeit vielleicht 2,50 Dollar wert. In England waren wir nur Gäste und durften nicht arbeiten. Das American Jewish Joint Distribution Committee, eine internationale jüdische Organisation, unterstützte uns während dieser Zeit. Meine Mutter sprach Englisch, mein Vater nicht.

Blick auf das deutsche Passagierschiff St. Louis im Hafen von Hamburg, umgeben von kleineren Schiffen. Mit über 930 Flüchtlingen an Bord – darunter auch die Rheydter Familie Joseph – ging es am 13. Mai 1939 auf Kurs in Richtung Kuba. Quelle: United States Holocaust Memorial Museum, Washington D.C.

Doch er lernte es schließlich ganz gut. Am 10. September 1940 erreichten wir die USA, nachdem wir von deutschen U-Booten verfolgt worden waren. Wir hatten Glück: Das Schiff vor uns und das, welches nach uns kam, wurden versenkt. Mein Vater, der in Rheydt Rechtsanwalt gewesen war, tat sich in den USA schwer, einen Beruf zu finden. Schließlich erhielt er eine Stelle als Redakteur bei einer deutschen Zeitung in Philadelphia. Doch die Strapazen, denen mein Vater ausgesetzt gewesen war, hatten ihre Spuren hinterlassen. Er starb schon 1945 mit nur 63 Jahren. Meine Mutter arbeitete zuerst als Dienstmädchen, später fand sie eine andere Arbeit. Sechs Jahre nach dem Tod meines Vaters heiratete sie Erich Kamin aus Berlin. Sie wurde fast 93 Jahre alt.

Liesl Loeb geb. Joseph
Grafikerin, Jahrgang 1928

Wahrscheinlich kam ich zu Hause in unserer Wohnung an der Gasthausstraße zur Welt – am 25. Februar 1936. Mein Bruder Gerd war damals drei Jahre und acht Monate alt. Als meine Großmutter Adele 1945 aus Theresienstadt via Schweiz zurückkehrte, erzählte sie mir ein bisschen von meinen Eltern, an die ich zu diesem Zeitpunkt schon fast keine Erinnerung mehr hatte. Es war sehr schlimm, was sich ereignet hatte: So wie ich es verstanden habe, ist mein Vater etwa 1938 vor dem NS-Regime nach England geflohen. Meine Mutter wartete darauf, ihm mit uns zwei Kindern folgen zu können und hoffte wahrscheinlich lange auf Nachricht von ihm. Aber er ließ nichts von sich hören. In dieser Situation brachte Martha Steuber, die später einmal meine Tante werden sollte, mich aus Nazi-Deutschland heraus nach Belgien und rettete mir damit das Leben. Martha Steuber war die Freundin meines Onkels Otto. Die beiden hatten sich schon als Kinder gekannt und waren wohl als Jugendliche sehr verliebt ineinander gewesen. Doch

Gerettet, aber noch nicht am Ziel ihrer Reise: die elfjährige Liesl mit ihren Eltern Lilly und Josef Joseph am 23. Juli 1939 in England.

Martha stammte aus einer evangelischen Familie und Otto war Jude. Beide Familien waren gegen eine Ehe. So verheiratete sich mein Onkel mit Gertrude Alexander, Martha heiratete einen Belgier und bekam einen Sohn und eine Tochter. Beide Ehen hielten nicht, die Liebe zwischen Otto und Martha blieb bis zuletzt bestehen.

Soviel ich weiß, sind beide vor dem Naziregime geflohen und ließen sich in Belgien nieder. Obwohl Otto wie ein Arier par excellence wirkte – er war mit seinen 1,85 m sehr hoch gewachsen, blond und hatte helle Augen –, wurde er 1942/43 als Jude entdeckt, verraten und nach Auschwitz deportiert. Martha bekämpfte das Regime auf ihre Art und rettete mehrere jüdische Kinder. Möglich war das, weil Martha einen belgischen Pass besaß, in den ihre zwei Kinder eingetragen waren, aber ohne Datum und ohne Foto. So konnte sie unbehelligt mit einem Jungen und einem Mädchen von Deutschland nach Belgien reisen. Ich war das letzte Kind, das sie außer Landes bringen konnte. Sie beschwor meine Mutter, die noch darauf wartete, meinem Vater mit uns nach England folgen zu können: „Mit zwei Kindern herumreisen, ist zu kompliziert. Ich nehme schon mal den schwatte Vogel." So nannte sie mich wegen meiner schwarzen Haare. Mein Bruder Gerd war ja ein paar Jahre älter und schon umgänglicher, ich war wohl manchmal zu lebhaft. Martha meinte, mit einem schon etwas verständigeren Kind sei es für meine Mutter leichter. Also holte sie mich eines Tages ab. Ich war damals drei Jahre alt. Es war sehr knapp, als ich an Marthas Geburtstag am 10. November 1939 herausgeschmuggelt wurde. Der Krieg war zwei Monate vorher ausgebrochen. Danach wurde es ganz unmöglich, als Jude noch aus Deutschland herauszukommen. Später erzählte Martha mir, dass ich während der Ausreise nach Belgien eine helle Mütze trug, damit man meine dunklen Haare nicht sah. Ich durfte auch nicht sprechen, musste bei jeder Kontrolle so tun, als ob ich schliefe.

Ich fuhr mit Martha nach Antwerpen, wo sie inzwischen mit meinem Onkel Otto wohnte. Auch meine Tante Meta, die jüngste Schwester meiner Mutter, damals 23 Jahre alt, lebte in Antwerpen. Ich wurde erst einmal bei Meta abgegeben, mit der Absicht, dass meine Mutter mich in ein paar Wochen wieder abholen würde. Das konnte meine Mutter leider nicht mehr. So dauerten die „paar Wochen" für Tante Meta und für mich ein ganzes Leben lang. Am 11. Dezember 1941 wurden meine arme Mutter und mein Bruder nach Riga deportiert, sie war 39, Gerd erst neun Jahre alt. Oma Adele deportierte man am 25. Juli 1942 nach Theresienstadt. Das haben wir natürlich alles erst später erfahren.

Da ich erst drei Jahre alt war, als diese Dinge sich ereigneten, habe ich sehr wenig Erinnerung an die Gesichter von damals. Ich fragte mich häufig: Wie oft hat meine Mutter mich geküsst? Wie oft hat sie mit mir gespielt? Wahrscheinlich sehr oft, wie jede Mutter, aber ich kann mich nicht daran erinnern und das fehlt mir. Ich kann mir zwar auch denken, mein Bruder war froh, dass er eine kleine Schwester bekam – aber ich habe es leider nie wirklich erfahren. Wie sehr hat man mich geliebt? Eine ewige Frage ... Tante Meta, bei der ich dann aufwuchs, hatte keine eigenen Kinder. Obwohl sie für mich wie eine richtige Mutter wurde und ich sie auch so nannte – denn ein kleines Kind braucht jemanden, zu dem es Mama sagen kann –, war ich mir doch immer bewusst, dass sie meine Tante war. Meta hatte mich sehr lieb, aber da gab es für mich immer die Frage: Wie lieb hat sie mich wirklich? In Belgien versteckte man mich hier und da in Klöstern und bei Bauern – dank der Hilfe eines Benediktiner-

Martha Leven, geb. Steuber, riskierte ihr Leben, um jüdische Kinder zu retten.

priesters, Vater Bruno Reynders, der viele bedrohte Menschen gerettet hat. Mama Meta selbst wurde wegen ihres Äußeren nie für eine Jüdin gehalten: Sie war hellblond und grauäugig, mit einer winzigen Nase und sah aus wie eine Frauengestalt von Renoir. Trotzdem besaß sie sicherheitshalber falsche Papiere. Das Bewusstsein, verfolgt zu sein, war ein eigenartiges Gefühl: Wenn man verfolgt wird, heißt das, man ist schuldig, oder? Aber was für eine Schuld hatte man? Als ich während dieser Jahre einmal in einem Kloster versteckt war, sagten die Schwestern: „Die bösen Juden haben Jesus ermordet." Ich bin ganz blass geworden und sagte: „Das kann nicht sein!" Da wurde ich weggeschickt.

Weil ich immer wusste, dass Mama Meta nicht meine Mutter war, und ihr Mann Julius Rottenstreich noch weniger mein Vater, und sie trotzdem so gut zu mir waren, bin ich groß geworden mit dem Gefühl, dass ich mein Leben lang dankbar sein muss. Also hatte ich nie eine Beziehung zu ihnen, wie sie normalerweise ein Kind zu seinen Eltern hat. Bei mir war nie etwas normal. Wie konnte ich meinen Adoptiveltern dankbar genug sein? Ich überlegte immer, wie ich es zeigen konnte: Ich musste stets die Beste sein. Als ich später einen Mann heiratete, der kein Jude war, fühlte ich mich zum Beispiel verpflichtet, zu zeigen, dass das kein Irrtum war und es eine gute Ehe werden würde. Ich musste alles richtig machen, um sie nicht von mir zu enttäuschen. Trotzdem war meine Ehe nicht glücklich. Aber erst nach Mama Metas Tod 1996 – Papa Julius starb 1982 – habe ich die Kraft gefunden, mich von meinem Mann scheiden zu lassen.

Es war sehr kompliziert, als ich in Belgien zur Schule ging: Mein erster Vorname war Ingeborg, mit Nachnamen hieß ich Alexander, war keine deutsche Reichsbürgerin, sondern wie alle deutschen Juden aufgrund der Nürnberger Gesetze von

Inge Karoline Alexander mit ihrem Bruder Gerd, der 1945 im Ghetto ermordet wurde. Die Aufnahme entstand um 1939.

1935 nur Staatsangehörige. Ich war eine überlebende kleine Jüdin und alles an mir klang deutsch. Aber die Deutschen waren natürlich verhasst und ich wollte nicht als eine „Boche" [Schimpfwort für Deutsche] gelten. Man fragte mich oft, wieso meine Mutter und mein Vater, womit man meine Tante Meta und ihren Mann Julius Rottenstreich meinte, einen anderen Nachnamen hatten als ich. Das musste ich immer wieder erklären. Es war sehr peinlich. Die anderen Kinder, belgische Kinder, hatten Papa und Mama und vom Krieg wussten sie nur, dass Bomben abgeworfen und das Essen in dieser Zeit nicht sehr gut gewesen war. Sonst hatten sie keine Schwierigkeiten gehabt. Als ich zum ersten Mal in die Schule ging, war ich schon neun Jahre alt, konnte aber lesen und schreiben. Meta hatte es mich gelehrt. In die Schule gehen kam mir nun komisch vor. Ich fragte mich, warum ich dort eigentlich still sitzen sollte, wo ich doch schon alles verstanden hatte, was die Lehrerin erklärte. Zu Hause sprachen wir meist gebrochen französisch und deutsch. Als Oma Adele mithilfe des Roten Kreuzes von Theresienstadt zurückkam, musste ich nur deutsch sprechen, denn sie kannte keine andere Sprache.

Nach dem Krieg erkundigte Mama Meta sich, ob sie und ihr Mann Julius mich adoptieren könnten. Erst suchten sie deshalb nach meiner Mutter. Wir wussten gar nichts über ihr Schicksal während des Krieges. Ich träumte davon, dass meine Mutter eines Tages vielleicht vor der Tür stehen würde. Etwa 1947/48 erfuhren wir, dass wirklich keine Hoffnung mehr bestand, dass meine Mutter und mein Bruder in Riga umgekommen waren. Auf welche Weise, erfuhr ich erst mehr als 40 Jahre später auf dem Treffen der ehemaligen jüdischen Bürger im August 1989 in Mönchengladbach. Das Ghetto Riga hatte meine Mutter mit meinem Bruder noch überlebt, und dann haben die Nazis sie doch noch ermordet. Gerd war 1945 13 Jahre alt, also schon ein kleiner Mann … Meine Mutter wurde zusammen mit ihm von SS-Leuten erschossen, kurz bevor die Russen anrückten und das Ghetto Riga aufgelöst wurde. Es sollte keine überlebenden Zeugen geben.

Dann fanden Meta und Julius meinen Vater. Alfred Alexander lebte in England und hatte wieder geheiratet, anscheinend die Frau, mit der er aus Deutschland geflohen war. Sie lebten beide in der Monica Road in Leicester. Er selbst war Engländer geworden, hatte sich zu Beginn des Krieges in die britische Armee eingeschrieben. Mama Meta nahm Kontakt mit ihm auf und mein Vater besuchte uns erstmals in Brüssel, wo wir seit 1942 lebten. Ich war damals fast 12 Jahre alt. Vor dieser ersten Begegnung hatte ich Angst, ich war sehr aufgeregt. Ich bemerkte, wie ähnlich ich ihm war: derselbe Blick, dieselben Augen, die dunklen Haare. Das gefiel mir nicht, obwohl er ein schöner Mann war. Ich fürchtete, dass ich nach England gehen müsste. Und Mama Meta hatte noch mehr Angst als ich, dass er mich wirklich mitnehmen könnte. Aber mein Vater fragte überhaupt nicht danach. Wie er erfahren hatte, dass seine Frau umgekommen war, weiß ich nicht. Vielleicht war ihm auch gesagt worden, dass seine beiden Kinder nicht mehr lebten. So dachte er möglicherweise, ich sei tot und erfuhr dann plötzlich, dass es mich doch noch gab. Dadurch, dass mein Vater die englische Staatsbürgerschaft hatte,

Die kleine Inge Karoline Alexander mit ihrer Tante und späteren Adoptivmutter Meta um 1940 in Antwerpen.

wurde ich automatisch auch Engländerin. Das war schön, auf einmal war ich nicht mehr staatenlos! Aber ich sprach natürlich kein Wort Englisch. Er nahm mich nicht mit, lud mich aber nach England ein, wo ich einige Male meine Sommerferien verbrachte und Englisch lernte. Wir gingen gemeinsam ins Theater, machten Ausflüge usw. Eine gute Beziehung zwischen Vater und Tochter hat sich dadurch aber nicht entwickelt. Es ging mir nicht aus dem Sinn, dass er meine Mutter und meinen Bruder im Stich gelassen hatte und ich wartete darauf, dass er es mir erklären würde. Das tat er aber nicht, seine neue Frau wusste es wohl zu verhindern. Eines Tages schrieb mein Vater in einem Brief an uns in Belgien, er wolle nach Argentinien auswandern und sich gerne verabschieden. So reiste ich Anfang Januar 1954 nach England. Als ich in Leicester ankam, erwartete mich niemand am Bahnhof. Also nahm ich ein Taxi und fuhr zur Monica Road. Dort fand ich sein Haus ganz dunkel vor. Ein Nachbar erzählte, mein Vater habe einen Herzschlag erlitten und liege im Krankenhaus. Dort habe ich ihn sterben sehen. Ich blieb noch bis zur Beerdigung, bei der sein bester Freund mir über ihn erzählte, meine Mutter sei die einzige Liebe meines Vaters gewesen. Es hat mich trotzdem nicht sehr berührt. Die Frau meines Vaters verkaufte alles, was sie besessen hatten, ohne mir auch nur das geringste Andenken zu hinterlassen und emigrierte nach Argentinien. Ich hörte nie wieder von ihr.

Im Laufe der Jahre ist die Erinnerung an das Schicksal meiner Mutter und meines Bruders nicht leichter geworden, im Gegenteil. Zuerst sprach ich überhaupt nicht davon, wie alle Leute, die die Zeit der Judenverfolgung überlebt haben. Erst 1991, als meine Erzählung erschien, las auch ein Teil meiner besten Freunde darüber. Sie waren sprachlos: „Wir hätten nie gedacht, dass du so etwas erlebt hast!" Ja, es ist

Henriette Alexander, Carolines Mutter, wurde noch 1945 in Riga ermordet.

schwer, überlebt zu haben. Warum bin ich da geblieben und die anderen nicht? Es gibt natürlich auch eine Dankbarkeit. Aber wem kann man danken? Dem Lieben Gott bestimmt nicht, denn warum hat er das Furchtbare zugelassen? Sollte der Liebe Gott existieren, hätte ich gerne, dass er mir einmal erklärt, warum er so eine verrückte Welt erschaffen hat.
Caroline Alexander
Musikkritikerin, Schriftstellerin,
Jahrgang 1936

Alles war fertig für unsere Auswanderung, unsere Sachen schon im Hamburger Freihafen, als im September 1939 der Krieg ausbrach und wir nicht mehr ausreisen durften. Es war eben schon ein bisschen zu spät. Anfang September 1941 mussten wir aus unserem Haus an der Limitenstraße 38 heraus und kamen in ein Judenhaus am

Drei Frauen-Generationen einer jüdischen Mönchengladbacher Familie, die das „Dritte Reich" überlebten. Von links Großmutter Adele Leven, Tante/Adoptivmutter Meta (Mitte) und Caroline Alexander, 1945 in Blankenberge.

Hindenburgwall 130, wo wir zwei große Zimmer erhielten. Unser Haus beschlagnahmte die Stadt für sich. Bevor wir ins Judenhaus kamen, verkauften wir noch einige Möbel. In die zwei Zimmer konnte man ja ohnehin nicht viel mitnehmen. Mit mehreren Familien dort zu wohnen, ging eigentlich gut. Es war ja ein großes Haus und die Leute kannte man. Zum Beispiel Emil Heymann: Er hatte eine christliche Frau aus Odenkirchen. Heymanns sind vor der Deportation geflohen und haben sich bei Bauern im Dorf Gierath versteckt. Sie sind befreit worden und lebten nach dem Krieg wieder in Rheydt. Außerdem war dort meine Freundin Marta Löwenstein, die später mit mir befreit wurde. Während der Zeit im Judenhaus arbeiteten wir als Zwangsarbeiter. Ich war bei der Firma Albert Reiners an der Fliethstraße 54, wo wir nähten. Das Arbeitsmaterial – getragene Uniformen – war nicht richtig gereinigt, zum Teil blutig. Die jüdischen Leute mussten getrennt von allen anderen Angestellten arbeiten. Vom Hindenburgwall bis zu Reiners war es weit, aber wir durften nicht mehr die Straßenbahn benutzen, sondern mussten zu Fuß gehen.

Im Judenhaus am Hindenburgwall 130 wusste man, dass die Deportation bevorstand. Eine Ausreise war von hier aus nicht mehr möglich. Meine Eltern, mein Bruder und ich hatten etwa drei Monate dort gelebt, als wir am 10. Dezember 1941 zusammen mit anderen Juden mit dem so genannten „Düsseldorfer Transport" nach Riga deportiert wurden. Mit der Straßenbahn fuhren wir von Rheydt nach Gladbach zum Schlachthof an der Lürriper Straße. Die Tiere waren gerade vor uns da gewesen, es war noch nicht einmal sauber gemacht worden. Nachts wurden wir leibesvisitiert und untersucht. Alles, was wir an Werten noch bei uns hatten, nahm man uns ab. Wir hatten ja nicht mehr viel, aber es gab doch noch ein paar interessante Dinge, z.B. Kleidungsstücke, die noch sehr gut erhalten waren. Es waren lauter Bekannte, mit denen man dort zusammen war. Man stand oder saß die ganze Nacht auf dem Boden. Keiner von uns verlor die Nerven. Nein, es war alles unter Kontrolle. Uns war jede Möglichkeit genommen, uns irgendwie zu wehren oder zu äußern. Hätte man sich widersetzt, wäre man erschossen worden oder sie hätten einem mit dem Gewehrkolben auf den Kopf geschlagen. Jeder hoffte doch, noch irgendwie am Leben zu bleiben. Am nächsten Morgen führten Uniformierte uns weiter zum Bahnhof und dann ging es mit normalen Personenzügen nach Riga. Wir wussten nicht, wohin wir kommen würden. Nach zweieinhalb Tagen Zugfahrt wurden wir auf einem Bahnhof in der Nähe von Riga, Chirotawa, ausgeladen. Der Schnee lag hoch auf dem Bahnsteig und die SS stand dort mit Schäferhunden. Unsere spätere Bewachung war auch schon da. Es war unheimlich. Ich hatte Angst um meine Eltern und fürchtete, dass sie in dem Schnee und Eis fallen würden. Einige Leute, die gesundheitlich nicht mehr in Ordnung waren, sagten schließlich, sie könnten nicht weiter zu Fuß nach Riga gehen. Sie wurden direkt im Wald liquidiert. In Riga angekommen, verteilte man uns auf die verlassenen Häuser des Viertels, in dem früher die Juden gewohnt hatten. Die Menschen hatten gerade essen wollen und sind dann aus den Häusern herausgejagt worden. Auf den eingebauten Herden stand noch das Essen, in den Schränken hingen noch Kleidungsstücke. Wir sind mit zwölf Personen in einem Raum untergebracht worden. Später schauten wir uns um, wo noch ein Haus in der Nähe leer stand. Wir waren der zweite Transport nach Riga. Vorher hatte es schon einen von Köln aus gegeben, nach uns kamen noch zwölf weitere Transporte, aus Wien und von überall her. Auf das alles waren wir nicht vorbereitet. Es war wie ein furchtbarer Film, der ablief. Grauenvoll. Was konnten wir machen? Nichts. Mein Vater wurde als Sanitäter eingesetzt. Nach kurzer Zeit kam er zu uns zurück – um zu sterben. Er war aufgeschwollen, hatte Hungerödeme. Als er in unserem Haus starb, war er erst 62 Jahre alt. Die Ghettopolizei, junge Männer, holten den Toten ab. In der Nähe befand sich ein jüdischer Friedhof, aber wir durften nicht hin. Ich selbst hatte Glück und kam ins Offiziersheim in Riga, wo ich im Büro arbeitete. Dort bekam ich immer etwas Warmes zu essen, was man zu Hause für meine Mutter noch einmal warm machen konnte. Bevor das Ghetto im November 1943 aufgelöst wurde, kam meine Mutter noch nach Auschwitz

Das Ghetto Riga in Lettland, um 1930. Quelle: Stadtarchiv MG 10/39875

Liesel Ginsburgs Mutter Julie Frenkel, geb. am 23. August 1886, wurde 1943 in Auschwitz ermordet.

und wurde dort ermordet. Mein Bruder Hans und ich waren schon mit ihr auf dem Wagen gewesen, der nach Auschwitz fahren sollte, da holte der Kommandant Krause uns herunter. „Ihr müsst arbeiten!", sagte er. Es war klar, was mit meiner Mutter passieren würde. Nicht nur sie war betroffen. Bei ihr waren eine Menge Leute, die ich kannte, Leute aus unserer Gegend, allesamt ältere Menschen.

Nachdem wir das Rigaer Ghetto und danach das KZ Kaiserwald am 6. August 1944 verlassen hatten, wurden mein Bruder und ich auf dem Weg zurück ins Deutsche Reich auf dem Schiff nach Danzig getrennt. Hans kam ins Ruhrgebiet zum „Bochumer Verein", wo die jungen Männer an Hochöfen arbeiten mussten. Ich wurde mit anderen ins Konzentrationslager Stutthof bei Danzig gebracht. Als wir ankamen, sahen wir dort Störche in ihren Nestern und dachten, das sei ein gutes Zeichen. Die Befreiung im März 1945 war ein Drama: Wir waren auf einem Marsch vom KZ-Außenlager Stutthof in Sophienwalde/Westpreußen, wo ich gemeinsam mit 500 Frauen für den Einsatz im Straßenbau ausgewählt worden war, als uns russische Soldaten einholten. Von ihnen erfuhren wir, dass der Krieg zu Ende war. Unsere Bewacher waren weggelaufen, wer noch da war, wurde von den Russen umgebracht oder fortgejagt. Wir waren allein gelassen. An den Straßenrändern lagen leere Handwagen und alles Mögliche, was die Leute unterwegs stehen und liegen ließen. Überall Tiere, Schweinchen, Kühe – alles lief herum. Die Trecks ließen ihre Tiere im Stich, weil es für die Pferde nichts mehr zu fressen gab. Es war grauenvoll, was man sah. Überall Tote am Straßenrand. Ich war zu diesem Zeitpunkt mit Marta Löwenstein aus Rheydt zusammen. „Jetzt gehen wir zusammen nach Rheydt", sagte ich. Immer wenn ein Zug kam, fuhren wir mit, auf Kohle und auf Salz. Als ich in Berlin ankam, sagten alle „Du" zu mir, wie zu einem Kind. Ich war 30 Jahre alt und sehr mager. In Riga hatte man uns geschoren, damit wir nicht weglaufen. Nun wuchsen uns wieder Haare.

Was das für Menschen waren, die anderen all dies antaten, weiß ich nicht. Ich glaube, es gibt überall solche Menschen. Man kann sich nicht vorstellen, dass diese Täter ohne Gewissensbisse nach ihren schrecklichen Taten nach Hause gingen und dort liebevolle Familienväter waren, Weihnachten feierten mit Frau und Kindern. Es gab auch sehr Anständige mitten im Ghetto von Riga. Vielfach handelte es sich dabei um ehemalige Soldaten, die an der Front gekämpft hatten und nun als Bewacher zu uns geschickt worden waren. Auch sie konnten sich nicht wehren. Ich habe natürlich auch grausame gesehen, die zum Beispiel vergewaltigten. Aber mir persönlich hat keiner etwas getan.

Bestimmte Dinge kommen mir immer wieder in den Sinn: Die Vergewaltigungen, die es im Lager gegeben hat, oder wie ich meine Familie verloren habe. Hunger ist schrecklich. Aber viel schlimmer war, wenn man sah, wie die Menschen tot umfielen. Die Leute, mit denen man zusammen gewesen war – auf einmal waren sie nicht mehr da. Was ein Mensch ertragen kann, ist unheimlich, unfassbar! Manchmal denke ich, ich war das gar nicht, die das alles erlebt hat. Je länger es zurück liegt, umso scheußlicher wird es in der Erinnerung. Wie hat man das immer alles weggesteckt? Es war so grausam – das kann man sich nicht vorstellen und nicht nachvollziehen. Man hat später solche Dinge in Filmen dargestellt. Aber wie schlimm alles wirklich war, wissen nur die, die es mitgemacht haben. Später fragten wir uns immer: Wie haben wir das ausgehalten und noch klar denken können? Ich hatte immer Menschen um mich, die mir sehr geholfen haben. Mein Mann, der im KZ Buchenwald gewesen war, half mir sehr.

Man darf sich heute nicht immer damit beschäftigen. Es geht nicht, so kann man nicht leben. Man muss Abstand gewinnen, nicht vergessen, aber irgendwie eine Barriere ziehen.

Liesel Ginsburg geb. Frenkel
Selbstständige, Jahrgang 1915, Köln

An der Mühlenstraße 61-71 in Mönchengladbach [heute Erzbergerstraße] gab es früher die Tuchfabrik Klein & Vogel, die Wilhelm Klein und Bernhard Vogel 1897 eröffnet hatten. Bernhard Vogel war mein Großvater väterlicherseits. Nachdem meine Großmutter Vogel schon vor dem Krieg gestorben war, wohnte er mit seiner Haushälterin in einem großen Haus an der Schillerstraße, musste es aber in der Nazi-Zeit verlassen und später noch einmal in eine andere Unterkunft an der Regentenstraße 67 umziehen. Wahrscheinlich handelte es sich hierbei um ein Judenhaus. Großvaters Haushälterin Mathilde Kaufmann, eine jüdische Frau, ging mit ihm dorthin und sie heirateten, dann sind beide deportiert worden und kamen um. Meine anderen Großeltern Loewenstein sind nach der Pogromnacht in die Niederlande ausgewandert, wo meine Großmutter Gretchen untertauchte, Großvater starb bereits vor der Besatzung. Nach 1945 wanderte Gretchen in die USA aus, wo ihr Sohn lebte. Sie wurde 96, ihr Sohn 97 Jahre alt.

Ich wurde am 23. Oktober 1932 im Krankenhaus Maria-Hilf geboren. Zuerst wohnte ich mit meinen Eltern in der Hermannstraße 8, später in der Schillerstraße 56. 1936 wanderten meine Eltern nach Holland aus. Ich war erst vier Jahre alt und blieb zunächst noch für ein paar Wochen bei meinen Großeltern in Mönchengladbach. Im Januar 1937 brachten sie mich zu meinen Eltern. Wir lebten dann in Eindhoven in einem großen Haus. Mein Vater hatte dort einen kleinen Betrieb, ein Textil-Import- und Export-Unternehmen. Nachdem der Krieg hier in Holland 1940 ausgebrochen war, organisierten meine Eltern sehr schnell einen Platz in einem katholischen Pensionat in Oisterwijk in der Nähe von Tilburg, wo ich – unterbrochen von Ferienaufenthalten zu Hause – von Juni 1940 an zwei Jahre blieb. Hier waren alle katholisch, die Nonnen natürlich und auch alle Kinder, und so wollte ich ebenfalls katholisch werden. Meine Eltern erlaubten

es. Juden hören das nicht gerne, das weiß ich. Aber es gehört zu meinem Leben und wer mich so nicht akzeptieren will, soll es lassen. Im August 1940 wurde ich getauft. Eine Sekretärin meines Vaters, die mich sehr lieb gewonnen hatte, war meine Taufpatin. Im August 1942 wurde meine Mutter zu Hause abgeholt und nach Westerbork gebracht – das war hier in Holland das Durchgangslager für Juden auf dem Weg in die osteuropäischen Vernichtungslager. Von Westerbork aus deportierte man sie Ende September 1942 nach Auschwitz, wo sie umgebracht wurde. Mein Vater war zu dieser Zeit untergetaucht. Aber im April 1943 gab er sein Versteck freiwillig auf und stellte sich. Warum er das tat? Vielleicht hielt er es nicht mehr aus, im Untergrund zu leben. Ich kann mir gut vorstellen, dass man es irgendwann leid ist, sich in einem kleinen Zimmer versteckt zu halten. Wie es vor sich ging, ob er sich freiwillig bei der Polizei meldete oder ob er auf der Straße ohne Stern ging, weiß ich nicht. Er kam nach Westerbork. Man wusste, dass es Transporte von dort aus gab, aber man hatte keine Ahnung, was dann passierte. Mit einem solchen Transport kam er nach Sobibor/Polen, wo auch er umgebracht wurde.

Als man meine Mutter damals zu Hause abholte, hatte ich sie schon einige Monate nicht mehr gesehen. Ich lebte ja zuerst im Pensionat und war dann aus Sicherheitsgründen Mitte 1942 untergetaucht. Im Juli 1942 brachte mich meine Patin und spätere Pflegemutter in die Kinderabteilung einer orthopädischen Klinik hier in Nimwegen, wohin ich angeblich wegen eines Rückenleidens gekommen war, in Wirklichkeit jedoch um unterzutauchen. Das war nötig, obwohl ich getauft war. Ich hatte großes Glück: Die Klinik war eine gute Stelle, um sich zu verstecken. Sie war groß, ich konnte dort spielen und

Ellen-Marie Vogel mit ihren Eltern Gertrud geb. Loewenstein und Dr. Kurt Vogel, etwa Mitte der 30er-Jahre.

umhergehen, mit den anderen Kindern zur Schule gehen und meine Patin besuchte mich regelmäßig. Als ich das letzte Mal zu Besuch nach Hause kam, war ich neun Jahre alt und habe mich nicht wirklich von meinen Eltern verabschieden können. Ich wusste ja nicht, dass es der letzte Abschied sein würde. Sie dagegen könnten gewusst oder geahnt haben, dass ich würde untertauchen müssen, sagten mir aber nichts davon, um mich nicht zu ängstigen. Das war auch besser so. Man kann es einem Kind nicht antun zu sagen: „Ich sehe dich zum letzten Mal." Was es für meine Eltern bedeutet haben muss! Ich habe mit ihnen nie darüber sprechen können, wie das alles vor sich ging. Damals war ich noch zu jung und nahm die Dinge, wie sie kamen.

Meine Befreiung erlebte ich zusammen mit den anderen Kindern im Oktober 1944 in einem von Nonnen geführten Haus in der Nähe von Herzogenbusch, wohin wir auswichen, als die Klinik von den Deutschen evakuiert worden war. Es war die Nacht nach meinem 12. Geburtstag. Nach dem Krieg nahmen meine Patin und ihr Mann mich als Pflegekind bei sich auf. Und ich war sehr gerne dort. Für mich waren sie meine Eltern. Schon während des Krieges hatte meine Pflegemutter mir gesagt, dass meine Eltern deportiert worden waren. Natürlich benutzte sie nicht dieses Wort. Ich dachte also, sie werden nach dem Krieg zurückkommen. Warum sollten sie nicht zurückkommen? Sie hatten ja nichts Böses getan. Als dies dann nicht geschah, na ja, das war mir auch recht. Denn ich liebte meine Pflegeeltern und war inzwischen ganz eng mit ihnen verbunden. Ich wäre aus diesem Grund gar nicht froh gewesen, wenn meine leiblichen Eltern plötzlich zurückgekommen wären. Das hört sich sehr lieblos an, aber ich kann nichts dafür, so war es nun mal. Man muss bedenken: Ich hatte sie jahrelang nicht gesehen. Da entsteht schon ein gewisser

Ellen-Marie Vogel, fotografiert von der jüdischen Mönchengladbacher Fotografin Liesl Haas.

Abstand. Meine Pflegemutter erfuhr sicher durch das Rote Kreuz vom Tod meiner Mutter und meines Vaters. Weil sie mein offizieller Vormund wurde, musste der Verbleib der leiblichen Eltern erst geklärt sein. Sie erzählte mir, dass meine Eltern umgekommen waren, ich hatte es schon vermutet.

Ich hatte sehr gute, liebe Eltern und kann mich an vieles erinnern, was sie früher gesagt und getan haben. Ich besitze auch Fotos und Filme. Darüber bin ich sehr froh. Es muss schrecklich sein, wenn man überhaupt nicht weiß, wer seine Eltern sind.
Ellen-Marie Vogel
Lehrerin, Jahrgang 1932

Vor etwas mehr als 75 Jahren verliebte sich ein junger katholischer Mann namens Heinrich Schmitz in Elisabeth Levy, die aus einer jüdischen Familie kam. Die Liebe war so stark, dass die junge Frau 1930 zum katholischen Glauben konvertierte und, wahrscheinlich trotz so mancher Bedenken in beiden Familien, die Ehe mit Heinrich Schmitz einging. Ich spreche von meinen Eltern. Hier will ich die Geschichte abkürzen und am 18. Oktober 1944 weitermachen. An diesem Tag bekamen wir nach Eintritt der Dunkelheit Besuch von zwei Herren in langen Ledermänteln, sicherlich Gestapo. Unsere Eltern und wir vier Geschwister waren in der Küche unserer Wohnung an der Keplerstraße versammelt. Meine Mutter hatte einen entsprechenden Bescheid bekommen, dass sie sich bereit zu halten habe. Sie war ein paar Wochen vorher schon einmal von einem Polizisten, der unsere Familie gut kannte, abgeholt worden. Dies sei der schwerste Gang seines Lebens, meinte der Polizist. „Mutter kommt in das Gefängnis am Spatzenberg. Sie hat aber nichts Böses getan", erklärte mein Vater. Aus unbekannten Gründen kam es nach der Abholung nicht zum geplanten Transport, sodass meine Mutter für einige Tage nach Hause durfte. Am 18. Oktober 1944 wurde sie endgültig abgeholt. Maria Kisters, die sich zufällig im Hause Keplerstraße 17 befand und die Szene miterlebte, sprach die Herren an: „Wie können Sie eine Mutter von vier Kindern wegholen? Das können Sie doch nicht machen!" Dazu hieß es: „Wenn Sie nicht ruhig sind, nehmen wir Sie auch mit." Meine Mutter wurde aufgefordert mitzukommen. Man bot ihr an, ihre vier Kinder ebenfalls mitzunehmen, was sie allerdings vehement ablehnte. Sie wusste, was dies für uns Kinder bedeutet hätte: Es wäre eine Reise ohne Wiederkehr gewesen.

An dem Tag, als meine Mutter deportiert wurde, war ich nur zufällig zu Haus: Ich litt an Morbus Perthes, einer Hüftgelenkserkrankung und war in der Orthopädischen Kinderklinik Süchteln in Behandlung. Eines Abends waren dort alle Kinder in den Luftschutzkeller gebracht worden. Nur mich hatte man wohl vergessen. Schwester Agnes Maria vermisste mich bei den Kindern im Keller und suchte mich unverzüglich. Wenige Sekunden, nachdem sie mich gefunden hatte, hörten wir, wie heulend eine Luftmine herankam. Bis zur Behebung der großen Bombenschäden wurden alle Kinder, soweit sie mobil waren, nach Hause geschickt. Ich hatte zu dieser Zeit einen so genannten Gehgips. Nach dem Abschied von unserer Mutter waren wir Kinder natürlich sehr traurig, ohne die bestehende Gefahr auch für uns selbst erkennen zu können. Es war höchste Zeit, uns anderswo in Sicherheit zu bringen. So wurde im November 1944 die Familie aufgelöst. Die Verteilung der Kinder erfolgte zum Teil bei Verwandten: Meine Brüder wurden im Siebengebirge untergebracht, meine Schwester ging mit der Oma Schmitz nach Bayern. Mich brachte mein Vater zurück in die Orthopädische Kinderklinik. Erst sehr viel später sollte ich erfahren, wie mich die Ordensschwestern der Hl. Maria Magdalena Postel aus Heiligenstadt, die im Krankenhaus tätig waren, vor den Nazis geschützt haben. Mein Gips war schon wieder abgenommen und ich machte erste Gehversuche, da hieß es auf einmal: „Hans-Arno, wir müssen dich noch einmal eingipsen, das Bein ist noch nicht in Ordnung." In Wirklichkeit wurde das Krankenhaus durchsucht und man hätte mich vielleicht mitgenommen. Dass dies nicht geschah, haben die Ordensschwestern und in besonderer Weise meine Stationsschwester Agnes Maria Thume in aller Stille geregelt.

Die Deportation führte meine Mutter zunächst in einen Rüstungsbetrieb in der Nähe von Halle-Diemitz. Von hier aus ging es im Februar 1945 nach Theresienstadt, wo sie in der Krankenpflege eingesetzt wurde. Sie musste Gelb- oder Fleckfieberkranke pflegen, eine sehr gefährliche

Elisabeth Schmitz geb. Levy mit ihren Kindern. Zweiter von rechts ist Hans-Arno.

Angelegenheit. Der Sommer 1945 muss ein schöner Sommer gewesen sein. Meine Mutter erzählte mir, dass die Insassen von Theresienstadt nach der Befreiung des Lagers durch die Russische Armee auf die Wälle kletterten, die die Stadt umgaben und zum ersten Mal sahen, welch' schöne Umgebung sie hatte. Sie sonnten sich und freuten sich, dass sie lebten. Im Mai 1945 kamen die Amerikaner ins Lager. Allerdings, bis zur Heimreise sollte es noch dauern. Meine Mutter wurde erst am 7. Juni 1945 entlassen. Die Heimreise war schwierig, weil Zugverbindungen zum großen Teil nicht mehr existierten. Am 17. Juni erreichte sie ihre Heimatstadt Rheydt. Mit der Rückkehr meiner Mutter hatte niemand mehr gerechnet. Wer kam schon lebend aus einem KZ zurück?

Auch mein Vater kam nicht ungeschoren davon. Er war Vermessungstechniker beim Katasteramt der Stadt Rheydt. Ab Oktober 1939 leistete er Wehrdienst bei der Luftwaffe in Kassel-Wolfsanger. Da eine für April/Mai 1941 vorgesehene Beförderung aufgrund der Familienverhältnisse nicht möglich war, billigte der zuständige Kommandeur-Adjutant den Antrag auf Entlassung aus der Armee. Mein Vater wurde trotzdem weiterhin als wehrpflichtig geführt. Er war wieder als Vermessungstechniker beim Katasteramt Rheydt beschäftigt, bis ihm aufgrund der Rassengesetze dort gekündigt wurde. Am 31. Oktober 1942 schrieb der Regierungspräsident Düsseldorf an das Katasteramt in Rheydt: „Gemäß Erlass des Preußischen Finanzministers vom 24.10.1942 ersuche ich, dem Vermessungstechniker Heinrich Schmitz das Dienstverhältnis [...] wegen seiner Ehe mit einer Jüdin zu kündigen." Meine Mutter erzählte mir später, der Regierungspräsident sei selbst mit einer Jüdin verheiratet gewesen und sei aus den gleichen Gründen entlassen worden. Er hatte lange versucht, meinen Vater zu schützen. Laut Eintragung im Arbeitsbuch wurde mein Vater ab dem 1. Juli 1943 als selbstständig geführt. Er zeichnete beim Vermessungsingenieurbüro Weber an der Odenkirchener Straße Grundstückspläne. Mit diesen Arbeiten konnte er die Familie über Wasser halten. Nachdem meine Mutter im Oktober 1944 abgeholt worden war und wir Kinder uns in relativer Sicherheit befanden, wurde es für meinen Vater gefährlich. Auch sein Leben war in hohem Maße bedroht. Er war 38 Jahre alt und im wehrpflichtigen Alter. Um nicht aufzufallen, versteckte er sich, solange es möglich war, bei einem Freund in Genholland bei Rheindahlen, beim Bauern Johann Schürings. Deutsche Soldaten kamen mit dem Näherrücken der Front auch auf den Bauernhof. Als man meinen Vater dort sah, hieß es gleich: Wieso läuft hier ein junger Mann herum und hat keine Uniform an? Das war eine lebensgefährliche Situation. Aber mein Vater schaffte es, sich dem Zugriff zu entziehen und überstand die Zeit des „Dritten Reichs". Als die Amerikaner Ende Februar 1945 Rheindahlen einnahmen, wurde er sofort bei der Gemeinde in Rheindahlen eingestellt. Er lebte noch fünf Jahre und starb 1950 mit 44 Jahren an den Folgen einer Magenoperation.

Nach dem Krieg sah es auf der Keplerstraße ganz schlimm aus. Ich war zwar erst acht Jahre alt, aber an manches erinnert man sich doch. Als meine Mutter zurückkam, „sammelte" sie uns Kinder wieder ein. An der Hardenberg-/Ecke Gasstraße in Rheydt befand sich das Geschäft des Lebensmittelhändlers Thönnissen. Der hatte ein Dreirad „Tempo". Er fuhr meine Mutter damit ins Siebengebirge und brachte meine beiden Brüder und das, was man noch an Hausrat hatte, zurück nach Hause. Danach holte meine Mutter meine Schwester. Ich wurde erst im August 1945 aus dem Krankenhaus abgeholt. Wie erlebte ich meine Mutter nach all den Schicksalsschlägen, die sie hat erleiden müssen? Als ich sie nach ihrer Rückkehr aus dem Lager wieder sah, fand ich sie äußerlich unverändert vor. Sie sah gut aus, braun gebrannt, kraftvoll. Allerdings waren seit ihrer Ankunft aus Theresienstadt und unserem Wiedersehen schon wieder ein paar Wochen vergangen mit besserer Verpflegung usw. Ihre Eltern und ihr Bruder waren in den Vernichtungslagern umgekommen, sie selbst hatte eine Zeit der Entrechtung und Erniedrigung im KZ erfahren, schon fünf Jahre später, 1950, wurde sie im Alter von 40 Jahren Witwe. Mit vier unmündigen Kindern stand sie alleine. Dies alles hat Spuren hinterlassen, die sie das restliche Leben begleiten sollten. Ihr Auftreten war von vorsichtiger Zurückhaltung geprägt. Sie antwortete, wenn man sie

Heinrich Schmitz um 1938.

fragte. Uns gegenüber war sie offen, sie hielt keine Antwort zurück. Trotzdem haben wir wahrscheinlich noch zu wenig nachgefragt. Die täglichen Sorgen, später dann der Beruf und die Gründung der eigenen Familie verhinderten es oftmals, tiefer in die schwierige Thematik einzusteigen. Im Jahre 1982 habe ich dann doch Gespräche mit ihr geführt und diese auf Tonband aufgezeichnet. Dass „Menschen lügen" war für meine Mutter eine der schlimmen Erfahrungen und Enttäuschungen ihres Lebens. Hier lag deshalb ein besonderer Schwerpunkt bei unserer Erziehung. Ich bin fest davon überzeugt, dass letztendlich ihr tiefer christlicher Glaube ausschlaggebend war, die traumatischen Erlebnisse zu beherrschen und die neuen Herausforderungen anzunehmen. Meine aus jüdischem Hause stammende Mutter war ja schon 1930 konvertiert und hat uns, glaube ich, recht gut im katholischen Glauben erzogen. Mit dem Judentum kamen wir nicht in Berührung, sie hat uns nichts darüber vermittelt. Ich habe erst Jahre später erfahren, dass nach jüdischem Glauben die Mutter die Zugehörigkeit zum Judentum automatisch auf ihre Kinder überträgt. Ihre Lebensleistung ist beispielhaft! Mutti, wie wir sie liebevoll nannten, war glücklich, dass aus ihren Kindern etwas geworden war. Dies war wohl ihre größte Sorge gewesen. Einen weiteren Schicksalsschlag hätte sie kaum verkraftet. Sie wurde 76 Jahre alt, 1986 ist sie gestorben.

Über das Schicksal meiner Großeltern und des Bruders meiner Mutter wussten wir sehr bald Bescheid. Wir erfuhren, dass sie im KZ umgekommen waren. Meine Mutter ist die einzige Überlebende der Familie Levy. Ihr Vater Karl, geboren 1874 – er erhielt im Ersten Weltkrieg das Eiserne Kreuz und wohnte zuletzt Zur Burgmühle 24 in Rheydt-Odenkirchen –, wurde zusammen mit seiner Frau Rosa am 24. Juli 1942 nach Theresienstadt deportiert. Im „Gedenkbuch Opfer der Verfolgung

Heinrich Schmitz' Kündigung „wegen seiner Ehe mit einer Jüdin".

der Juden unter der NS Gewaltherrschaft in Deutschland" steht: „Karl Levy ist in der Transportliste von Theresienstadt nach Auschwitz geführt. Häftlings-Nr. 651, Häftlings-Nr. 1862 während des Weitertransports. Datum Abfahrt Theresienstadt: 15.05.1944", Ankunft Auschwitz 16. Mai 2.503 Personen, 767 Männer, 1.736 Frauen und wohl Kinder. Mit hoher Wahrscheinlichkeit wurden Alte und Kinder direkt in die Gaskammern Auschwitz-Birkenau geführt. Meine Großmutter Rosa Levy, geb. 1873, war 69 Jahre alt, als sie mit dem Opa deportiert wurde. Sie hat Theresienstadt nur ein knappes halbes Jahr überlebt und starb am 20. Januar 1943. Die Todesursache ist unbekannt. Man weiß nur, dass die Leichen verbrannt wurden und die Asche im Herbst '44 beim Herannahen der Alliierten in den Fluss Eger gestreut wurde.

Onkel Walter Levy, geb. 1908, hatte nach seiner Mittleren Reife bei Bellerstein

– später Wico – an der Hindenburgstraße eine kaufmännische Ausbildung gemacht. Während der großen Wirtschaftskrise Ende der 20er-Jahre ist er oft arbeitslos gewesen. Bereits in dieser Zeit, aber auch später, als die NSDAP an die Macht kam, arbeitete er in einer Lumpenreißerei. Eine Zeit lang war Onkel Walter in Köln bei reichen Juden als Hausdiener tätig gewesen: putzen, waschen, flicken usw. Die Levys waren arme Leute. So wurden alle Tätigkeiten angenommen, um zu überleben. Meine Mutter sagte dazu: „Nur noch schmutzige Arbeit war für Juden zu bekommen Auch vor 1933 waren sie schon stigmatisiert und konnten nichts mehr werden." Was das für ein Abstieg war! In der so genannten Reichskristallnacht vom 9./10.11.1938 wurde Onkel Walter in Odenkirchen zusammengeschlagen und in einen Keller verschleppt. Nach ein paar Tagen ließ man ihn wieder laufen. Aus Rücksicht auf die alten Eltern wanderte er nicht aus. Leider eine verhängnisvolle Fehlentscheidung. Er war der Erste aus der Familie, der drei Monate vor seinen Eltern am 21. April 1942 nach Izbica bei Lublin in Polen deportiert wurde. Walter war 34 Jahre alt. Über das weitere Schicksal meines Onkels liegen keine Informationen vor. Der Deportation meiner Angehörigen waren Erniedrigung, Entbehrung und Hunger vorausgegangen. Sie hatten uns nicht in der Keplerstraße 17 besuchen dürfen. Mein Großvater kam schon mal auf der anderen Straßenseite vorbei und schaute in den Hof, wo er uns Kinder dann spielen sah. Hin und wieder brachte meine Mutter ihren Eltern Lebensmittel in deren Wohnung Zur Burgmühle 24. Wenn es dunkel war, benutzte sie dazu die Straßenbahn. Den Judenstern trug sie grundsätzlich nicht. Als sie einmal an der Kreuzstraße in Rheydt eingestiegen war, kam eine Frau auf sie zu und forderte: „Und an der nächsten Haltestelle müssen Sie aussteigen!" Meine Mutter war erkannt worden. Den Weg bis Odenkirchen und zurück ging sie dann zu Fuß.

Hans-Arno Schmitz
Verwaltungsangestellter, Jahrgang 1937

Das Ehepaar Rosa, geb. am 17. März 1873, und Karl Levy, geb. am 25. Mai 1874, mit den Kindern Walter, geb. am 16. Februar 1908, und Elisabeth Johanna, geb. am 9. Oktober 1910. Die Tochter überlebte die NS-Zeit als Einzige.

Kurze Zeit vor unserer Ausreise hatte meine innigst geliebte Tante Hanna Fritz Herz aus Köln geheiratet. Ich besitze ein Foto, auf dem das Brautpaar, die Eltern des Bräutigams, meine Tante Frieda und mein Vater Max Mayer zu sehen sind. Bis auf meinen Vater sind alle diese Menschen im Holocaust umgebracht worden. Tragisch war, dass Hanna Mayer im Visum ihres Bruders Josef nach Bolivien auch aufgeführt war, aber nicht ohne ihren Mann auswandern wollte. Von ihrer Verschickung in das Lager Litzmannstadt im Oktober/November 1941 bekamen wir Nachricht durch Verwandte in Holland, die noch eine

Karte aus dem Lager erhalten hatten. Uns erreichte diese Nachricht hier in Buenos Aires erst nach dem Krieg, da wir fünf Jahre lang keine Post aus Europa bekamen. Von meiner Familie, die nach Holland ausgewandert war, wurden vier Angehörige deportiert und ermordet, fünf konnten sich ab etwa 1942 bis Kriegsende verstecken und so überleben. Meine Großmutter Tinchen starb 1942 einsam in einem Krankenhaus in Venlo. Ihr Sohn Theo, den das Krankenhaus rufen ließ, durfte erst am nächsten Morgen zu ihr eilen, weil Juden damals von 8 Uhr abends bis 8 Uhr früh Ausgehverbot hatten. Als er endlich eintraf, war seine Mutter inzwischen verstorben. Nur drei ihrer zehn Kinder konnten bei der Beerdigung anwesend sein. Wenn Kriegsberichte in den Zeitungen standen und einiges über die schrecklichen Zustände in Europa zu uns nach Argentinien durchsickerte, wurde in unserer Familie immer wieder über unsere Angehörigen dort gesprochen. Wir waren berechtigterweise ständig in Sorge um sie. Mein Vetter Erich Hirschberger, 1922 in Mönchengladbach geboren, wohnte mit seinen Eltern Stephan und Selma an der Lüpertzender Straße. Als ich in die Volksschule eintrat, kam er in die Sexta des Stiftischen Humanistischen Gymnasiums. Ich war sehr stolz auf ihn, weil er die bekannte Mütze des Gymnasiums trug. Tante Selma Hirschberger wanderte 1933 mit ihrem Sohn Erich nach Holland aus. Er fuhr dann eine Zeit lang täglich per Fahrrad von Venlo nach Kaldenkirchen, um seine deutsche Schulausbildung zu beenden. Später kamen Onkel Stephan und meine Großmutter nach. Onkel Stephan war Kriegsverletzter: Er hatte im Ersten Weltkrieg ein Bein verloren und ging mit einer Holzprothese. Er glaubte, die Nationalsozialisten würden ihn deshalb verschonen und versteckte sich nicht mit seiner Familie in Holland. Im August 1942 wurde er mit Frau und Sohn nach Auschwitz gebracht, wo alle drei umkamen. Da die Familie Hirschberger in Venlo polizeilich gemeldet war, hatte man sie einfach aufgefordert, sich für den Transport einzufinden. Zunächst waren sie ins Sammellager Westerbork und von dort nach Auschwitz gebracht worden. Mein Vetter Erich kam in ein Arbeitslager und wurde auf dem so genannten Todesmarsch 1945 erschossen. Wir erfuhren vor etwa einem halben Jahr, dass Erich erfroren am Wege von einem Pfarrer gefunden und zusammen mit zwei weiteren erfrorenen Häftlingen beerdigt wurde, und zwar als „Unbekannt" mit Angabe der eintätowierten Lagernummer.

Liesel Bein geb. Mayer
Sekretärin, Jahrgang 1926

Als ich 1945 nach Mönchengladbach kam, stattete ich dem englischen Stadtkommandanten einen Besuch ab. Der Kommandant hatte seine Kommandantur in der Mozartstraße im Hause von Hermann Aschaffenburg eingerichtet, dem besten Haus in dieser kurzen Villenstraße, in der auch unser Haus gewesen war. Einmal sagte er zu mir: „Mister Jonas, you must know one thing which I can tell you: There never was a Nazi. You won't find anyone here who will freely confess that he had ever been a member of the party or been a Nazi." (Herr Jonas, eines müssen Sie wissen: Es gab niemals einen Nazi. Sie werden hier niemanden finden, der freiwillig zugibt, jemals ein Mitglied der Partei oder Nazi gewesen zu sein.)

Wo einst die Synagoge gestanden hatte, befand sich nun ein leerer Platz. Aber irgendwo hatte man ein Zentrum eingerichtet, in dem sich zurückkehrende Juden oder Juden auf der Durchreise melden und informieren konnten. Dort versuchte ich zu erfahren, was aus meiner Mutter geworden sei. Als ich beim Zentrum eintraf, wimmelte es von Leuten, die ich noch nie gesehen

hatte, doch es war eine Frau dabei, die mir bekannt vorkam. Sie hörte, wie ich mich erkundigte und den Namen Jonas nannte. Dann brach sie in Tränen aus und sagte: „Ich war zusammen mit Ihrer Mutter in Lodz, aber sie ist dann nach Auschwitz weiter transportiert worden." Das wusste man, was das hieß – nach Auschwitz – und so erfuhr ich vom Tod meiner Mutter. Bemerkenswert war in diesen Tagen, dass die Leute in Mönchengladbach mir einfach nicht glauben wollten, dass man den Juden etwas angetan hatte. Als ich unser Haus in der Mozartstraße 9 besuchte, sagte der neue Besitzer zu mir: „Ach, Sie sind Herr Jonas. Wie geht es Ihrer Mutter?" Ich erwiderte: „Die hat man umgebracht." – „Umgebracht? Wer soll sie denn umgebracht haben? Man bringt doch keine alte Dame um. Aber nein", sagte der Mann, „man hat sie umgesiedelt. Sie dürfen doch nicht alles glauben!" Als ich nachforschte, wer meine Mutter zuletzt noch in Mönchengladbach gesehen hatte, sagte mir jemand, ich solle zu Hetty Gier-Lünenborg gehen, da sie meine Mutter noch in der Nacht vor der Deportation gesehen habe. Also ging ich zu ihr. Eines Abends, so erzählte sie mir, war ihr Bruder zu ihr gekommen und hatte gesagt: „Du musst zu Frau Jonas gehen. Ich habe gehört, dass sie morgen früh in den Osten verschickt werden soll." Sie hatte vielen Juden Trost gespendet und geholfen, indem sie etwas Lebensmittel brachte, und so kam sie zu meiner Mutter und verbrachte die letzte Nacht bei ihr. Sie konnte nur versuchen, sie ein wenig zu trösten, und gab ihr ein Medaillon eines katholischen Heiligen mit auf den Weg, das sie schützen sollte. „Es hat leider nicht geholfen", sagte sie, „aber das war alles, was ich tun konnte." In ihren Armen habe ich meine Mutter beweint, und sie hat mich wie ein Kind getröstet. Ja, es ist eine dunkle Geschichte, der große Kummer meines Lebens. Diese Wunde hat sich nie geschlossen – das Schicksal meiner Mutter. Darüber bin ich nie hinweg gekommen. Darüber ist nicht hinwegzukommen.
Prof. Hans Jonas († 1993)
Philosoph, Jahrgang 1903,
zit. aus „Erinnerungen", Insel Verlag

Als der Krieg zu Ende war, besaßen wir fast gar nichts mehr. Wir standen mit unserem Köfferchen auf der Straße. Meine Eltern fingen mit einem kleinen Speditionsgeschäft wieder neu an, den Lastwagen fuhr mein ältester Bruder. Wir mieteten eine Wohnung an der Richard-Wagner-Straße, direkt an der Kirche in Hermges. Nun versorgte meine Mutter uns vier Kinder wieder. Mein jüngerer Bruder und meine Schwester Herta besuchten die Franz-Wamich-Schule. Kurz nachdem der schwierige Neuanfang überstanden war, erkrankte mein Vater schwer an Angina Pectoris. Infolge des permanenten Dauerstresses hatte ihn die Kraft verlassen, als alles vorbei war. Er war erst 58, als er starb. Meine Mutter hatte sich jetzt auch noch um das Geschäft zu kümmern und Aufträge hereinzuholen. Sie schaffte das. Letztendlich war sie die Stärkere. Ich blieb nach dem Krieg zu Hause und führte den Haushalt, bis ich 1957 heiratete. Es wäre mir unter den familiären Umständen, unter denen wir lebten, nicht in den Sinn gekommen, eine Schulausbildung nachzuholen. Es kann sein, dass mein Mann das Gefühl hatte, mich für etwas entschädigen zu müssen. Er sagte immer: „Solange ich lebe, tut dir keiner mehr weh!" Durch die Heirat mit ihm wurde ich tausend Mal entschädigt für das, was ich erlitten hatte. Einige Jahre nach dem Krieg – ich war körperlich noch sehr schwach und kippte manchmal einfach so um – beantragte ich als einzige aus der Familie eine Rente. Dr. Schneider, ein Freund des früheren Vorsitzenden der jüdischen Gemeinde, untersuchte mich und leitete die Beantragung in die Wege.

Er stellte fest: „Bei Ihnen gibt es Mängel aufgrund von unzureichender Ernährung in der Zeit des Heranwachsens." Ich erhielt für kurze Zeit eine Rente von 96 Mark. Dann gab es einen Regierungswechsel von der CDU hin zur SPD. Kurz danach erhielt ich eine Aufforderung zur Untersuchung in einem Neusser Krankenhaus. Ein Professor untersuchte mich und schrieb an das Rentenamt, ich sei in einem tadellosen Zustand. Da wurden weitere Rentenzahlungen abgelehnt. Im vorigen Jahr versuchte ich nochmals, das wieder aufzurollen mit Hilfe eines Anwalts in Düsseldorf, der sich nur mit solchen Dingen beschäftigt. Obwohl ein ärztliches Attest bestätigt, dass meine heutigen Krankheiten aus der Zeit der Mangelernährung resultieren, bekomme ich nichts mehr. Nichts fürs Stern tragen, nichts für die fehlende Schulausbildung, gar nichts. Deshalb ärgern mich die Gerüchte, die darüber kursieren, was „die" angeblich alles an Geld bekommen haben.
Ruth Hermges geb. Vergosen
Selbstständige, Jahrgang 1932

In unserer Nachbarschaft auf der Waldhausener Straße lebte in meiner Kindheit eine jüdische Familie, die Loesers. Die Tochter Rosel war von früher Jugend an befreundet mit meiner Tante Käthe Forst und ging mit ihr zusammen in eine Klasse ins städtische Mädchengymnasium an der Lüpertzender Straße. Es war eine sehr herzliche Freundschaft und Loesers eine reizende Familie. Außer der Tochter gehörten noch zwei Söhne dazu, Kurt und Alfred. Die Loesers hatten ein Bäckerei- und Süßwarengeschäft an der Waldhausener Straße. Wir wussten, dass es eine jüdische Familie war, aber man machte noch keinen Unterschied. Das Judentum wurde noch nicht so benannt. Zu Anfang des „Dritten Reiches" wurden wir manchmal angesprochen, ob wir nicht wüssten, dass es sich um Juden handele. „Doch, wir wissen das", sagten wir, „es sind reizende Leute und wir sind mit ihnen befreundet." Wir hätten deshalb keinen Grund, Abstand zu nehmen. Da wurden wir „aufgeklärt". Meine Tante erhielt trotzdem noch lange Zeit Besuch von Rosel Loeser, obschon sie deswegen Schwierigkeiten bekam. Ihr Nachbar trug eine SS-Uniform, er hieß Kreuder. Ich muss dazu sagen, auch das war eine nette Familie. Aber er war natürlich Nazi und beobachtete meine Tante. Sie war wütend darüber, dass Kreuder ihr den Umgang mit ihrer Freundin verbieten wollte und hat eine ganze Weile damit gerungen. Rosel zog sich schließlich zurück und auch Tante Käthe gab den Kontakt auf. Mein Onkel war eingezogen worden und die Tante hatte drei kleine Jungs, noch nicht schulpflichtig. Sie stand unter Druck. Nach dem 10. November 1938 wurde Loesers Geschäft geschlossen, die Eltern später deportiert. Die Söhne waren rechtzeitig vor 1940 ins Ausland gegangen: der jüngste Sohn Alfred nach Amerika, der ältere Kurt nach Israel. Sie wollten die Eltern eigentlich mitnehmen. Aber Loesers waren alt und mochten nicht mehr weg. Eines Tages, kurz nach Kriegsende, kam der jüngere Sohn der Loesers aus Amerika in Uniform und besuchte meine Eltern. Er war aber sehr reserviert, obwohl der Kontakt vorher herzlich gewesen war. Er gab meiner Mutter noch nicht einmal die Hand. Meine Mutter war enttäuscht über das Verhalten des jungen Mannes, weil sie doch so lange mit der Schwester befreundet gewesen war. Er stellte sich vor und erzählte, dass seine Eltern beide im KZ umgekommen sind. Seine Schwester Rosel war ebenfalls im Lager gewesen, hatte es aber überlebt. Sie lernte dort einen Herrn kennen, der ein Kaufhaus in Kassel besaß. Sie heirateten, lebten in Kassel und sie bekam ein Baby, obwohl sie ja nicht mehr so jung war. Bei der Geburt ist sie gestorben, das Baby lebte.
Marianne Geerlings (nicht-jüdisch)
Bürokraft, Jahrgang 1921

Mit meinen Großeltern Otto und Martha Leven fuhr ich häufig nach Brüssel und Antwerpen. In den Bahnhofsvierteln gibt es sehr viele jüdische Cafés und Restaurants. Ich war vielleicht 12 Jahre alt, als mein Großvater Otto mich einmal in ein solches Café mitnahm. Dort kam ein Mann auf mich zu. Er drückte mich, hob mich hoch und sagte immer nur: „Du bist die Tochter von Manfred!" Wer ist das nur?, dachte ich. Damals kannte ich ja die ganze Geschichte der KZ-Vergangenheit meines Vaters überhaupt nicht. Später erzählte man mir, das sei ein Freund meines Vaters gewesen, der mit ihm in Auschwitz war. Dieser Freund hatte mich angesehen und ohne ein einziges Wort der Erklärung gewusst, wer ich war.

Obwohl ich das Kind eines jüdischen Vaters bin, der ein Überlebender des KZ Auschwitz war, habe ich in meiner Kindheit von ihm nie eine Frage zu diesem Thema beantwortet bekommen, nie. Auch in der Schule besprachen wir das nicht. Ich bin 1963 eingeschult worden, vielleicht war das kein Thema in unserer Generation. Ich kann mich nur daran erinnern, dass der katholische Pastor Rixen mich immer wie ein rohes Ei behandelte. Später kam ich dahinter, dass er mit Papa Gespräche über sein KZ-Schicksal geführt hatte. Meiner eigenen Tochter habe ich später von klein auf immer die Geschichte ihres Opas nahe gebracht: Nachdem mein Großvater Otto einige Tage vor der Pogromnacht im November 1938 nach Belgien geflohen war, ging mein Vater Manfred Leven am Morgen des 10. November an der brennenden Synagoge an der Blücherstraße vorbei. Dort packte ihn der SA-Sturmführer Heinrich Abels und brachte ihn in ein Gestapogebäude, wo er die Nacht im Keller verbrachte. Mein Vater war damals acht Jahre alt. In Ketten wurde der Junge am nächsten Morgen in ein Frankfurter Waisenhaus gebracht, wo er – ohne jemals nach Hause zurückgekehrt zu sein – bis zu seiner Deportation 1942 bleiben musste. Seine leibliche Mutter Gertrud, die am 10. Dezember 1942 ins Ghetto von Riga deportiert und dort ermordet wurde, sah er nicht mehr wieder. Als mein Vater elf Jahre alt war, musste er die Fahrt nach Theresienstadt antreten, wo er seine Großmutter Adele, meine Urgroßmutter, traf. Sie hatte später das Glück, von den Nazis auf einen Transport in die Schweiz geschickt zu werden. Im Austausch gegen desertierte deutsche Soldaten ließ man Konzentrationslager-Häftlinge ausreisen. Meine Urgroßmutter überlebte und starb 1952 in Odenkirchen eines natürlichen Todes. Im Konzentrationslager Auschwitz, wohin mein Vater etwa 1943 verlegt worden war, wurde ihm die Nummer A 1663 in den linken Arm eintätowiert. Der 13-Jährige überlebte die Selektion durch Dr. Mengele, überstand nächtliches Appellste-

Manfred Leven mit Töchterchen Marion, um 1961.

hen bei -30° Kälte, musste im Strafkommando die Kleider der Ermordeten aus der Gaskammer holen und erlebte den Tod unzähliger Mitgefangener. Als die russische Front näher kam, musste mein Vater von Gleiwitz/Oberschlesien im offenen Güterwagen quer durch Deutschland in das KZ Buchenwald fahren. Er überstand auch die letzten Evakuierungsversuche der SS kurz vor Kriegsende und hielt sich mit einer Gruppe anderer Häftlinge zwei Tage in einer Baracke versteckt, als die Amerikaner am 15. April 1945 eintrafen und das Lager befreiten. Er war 14 Jahre alt, völlig abgemagert und schwer krank.

Nach seiner Befreiung schlug mein Vater sich nach Paris durch, wo er verhaftet und angespuckt wurde, als man merkte, dass er Deutscher war. Schließlich gelangte er nach Belgien. In Antwerpen fand er seinen Vater Otto mit Hilfe des Roten Kreuzes. Die beiden lebten dann einige Jahre in Brüssel und Antwerpen, wo mein Vater Manfred auch zur Schule ging. Aber die Lehrer luden meine Großeltern immer wieder vor. Ihr Sohn veräppelte die Lehrer nur, nahm das alles nicht ernst. Man muss sich vorstellen: Er war ein total unreifer Mensch und durch die lange Zeit im Konzentrationslager völlig verwildert. Ihm fehlten etliche Jahre und er war als 1930 geborenes jüdisches Kind während der Nazi-Zeit in Deutschland ja nur kurz in der Schule gewesen – zwei oder drei Jahre. In Belgien fing er eine Lehre bei einem jüdischen Metzger an, aber auch das war wohl nichts für ihn. Als er 1951 seinem Vater Otto nach Deutschland folgte, musste er in dessen Altwarenhandlung arbeiten. Meinem Vater ist nie Zeit geblieben, das in den Lagern Erlebte aufzuarbeiten oder die Dinge wenigstens für sich ein bisschen zu sortieren. Für ihn war das Ganze ein Wirrwarr. Man hätte das Geld, das für die Wiedergutmachung gezahlt wurde, nicht in die wirtschaftliche

Manfred Leven zwischen seinem Vater Otto und seiner Stiefmutter Martha im August 1945 in Antwerpen. Nach jahrelangem KZ-Aufenthalt sieht man dem fast 15-Jährigen sein Alter nicht an.

Versorgung anlegen, sondern zum Beispiel in eine Psychotherapie investieren sollen. Aber zu dieser Zeit hat man das nicht so gesehen. Da war wichtig, Materielles erst mal wieder aufzufüllen.
Marion Öztürk, geb. Leven
techn. Angestellte, Jahrgang 1957

Ich wurde 1949 in New York geboren. Wenn mich heute jemand fragt, woher meine Familie stammt, sage ich zwei Dinge: „Mein Vater ist in Boston geboren, aber die Familie stammt aus Russland. Die Familie meiner Mutter kommt aus Mönchengladbach in Deutschland." Deutsch war die erste fremde Sprache, die ich immer hörte, wenn meine Mutter und meine Großmutter Lilli miteinander sprachen. Richtig erlernt habe ich es erst später. Als ich Mitte der 70er-Jahre nach Deutschland ging, um in Westberlin Deutsch zu studieren und danach in Bonn Forschung zu betreiben, war das für meine Mutter eine große Sache, denn sie war 1939 wegen ihrer jüdischen Herkunft mit ihrer Familie aus Deutschland ausgewandert.

Lilli Kretzmer, eine geborene Cohen, war meine Großmutter. Im Jahr 1900 zur Welt gekommen, gehörte sie zu den ersten Frauen in der Weimarer Republik, die Jura studierten. Trotzdem nutzte sie ihre Ausbildung in Deutschland nicht, denn nachdem sie mit etwa 20 Jahren geheiratet hatte, blieb sie zu Hause. Ihr Mann, mein Großvater Dr. Eugen Kretzmer, Offizier des Ersten Weltkriegs, war Hautarzt in Mönchengladbach. Die Großeltern Kretzmer wohnten an der Schillerstraße 53. 1921 wurde meine Mutter Lore geboren, ihr Bruder Ernst – Onkel Ernie – folgte 1924. Meine Großmutter Lilli war eine sehr aktive und couragierte Frau. Als die Nazis meinen Großvater Eugen am Morgen des 10. November 1938 zu Hause festnahmen und ins Polizeigefängnis am Spatzenberg brachten, ging sie zum Chef der Polizei, wo ihr gesagt wurde, die festgenommenen Männer befänden sich unter der Kontrolle der Gestapo. Bei der Gestapo selbst konnte man ihr nicht sagen, was mit den Inhaftierten weiter geschehen solle. Lilli wandte sich daraufhin an einen Gladbacher Krankenhausarzt, den sie kannte. Dieser wiederum sprach mit dem Gefängnisarzt und nach zehn Tagen gelang es, meinen Großvater Eugen aus gesundheitlichen Gründen freizubekommen. Lilli, eine ziemlich kleine Frau, war sehr respektiert, ihr Mann ebenso. Viele Jahre später in Amerika sagte mir meine Großmutter, sie habe einen Unterschied zwischen den Deutschen im Allgemeinen und den Nazis gemacht. Außerdem sei sie in Mönchengladbach wegen der Nazis nicht so besorgt gewesen. In einer anderen Stadt wäre es vielleicht nicht möglich gewesen, Großvater wieder aus dem Gefängnis herauszuholen. Vielleicht war das auch der Grund, weshalb sie

Innenansicht der großen Firma für Damen- u. Herrenbekleidung Cohen & Frank an der Ecke Hindenburgstraße 42 und Abteistraße. Das Manufaktur- u. Konfektionsgeschäft war 1929 vergrößert worden, 1936 mussten seine jüdischen Besitzer es aufgeben. Die Aufnahme entstand am 24. Juni 1935. Quelle: Stadtarchiv MG 10/58584

trotz allem so lange in Mönchengladbach geblieben sind. Aber dann sahen sie, dass die Situation sich sehr schnell verschlimmerte und so wanderte meine Mutter etwa Anfang 1938 nach England aus. Sie war zu diesem Zeitpunkt erst ein Teenager, sprach aber schon sehr gut Englisch. Bei ihr ahnte später niemand, dass sie nicht in den Staaten geboren war, weil sie überhaupt keinen Akzent hatte. Ein Jahr danach kam die restliche Familie im März 1939 nach. Von England aus reisten sie im Januar 1940 gemeinsam nach Amerika aus. Bevor Großvater Eugen – wir haben immer „Opa Gene" (sprich wie „Jeans" ohne s) gesagt – dort seine Arztpraxis eröffnen konnte, musste er erst Englisch lernen und wieder ein Examen ablegen. Er war damals schon in seinen späten 50er-Jahren. Zusammen mit meinen Großeltern und ihren zwei Kindern hatte auch meine Urgroßmutter mütterlicherseits, Frieda Cohen aus Mönchengladbach, Deutschland verlassen. Wir nannten sie Mimi, ein Name, den ich ihr gab. Sie war eine entzückende, kleine, weißhaarige Frau voller Energie, sehr praktisch veranlagt, immer heiter und eine wundervolle Köchin und Bäckerin. Ihr Mann Philipp Cohen, nach dem ich benannt wurde, war schon vor dem Krieg 1937 in Deutschland verstorben. Großmutter Lilli nutzte ihre juristische Ausbildung in den USA, wo sie ohne Bezahlung viele Jahre lang Flüchtlingen half, die nach Amerika kamen. Meistens handelte es sich wohl um osteuropäische Juden, die vor dem Kommunismus flohen. In den frühen 50er-Jahren half sie Flüchtlingen aus Deutschland, ihre Ansprüche auf Wiedergutmachung geltend zu machen. 1964 wurde sie Direktorin des Immigrations- und Einbürgerungsbüros der Sektion Worcester des Nationalrats jüdischer Frauen. Aufgrund ihrer Ausbildung und ihrer Erfahrung bei der Arbeit mit Flüchtlingen wurde sie 1949 ermächtigt, bei Gericht zu erscheinen und Fälle

Lilli Kretzmer im Alter von 90 Jahren, aufgenommen am 1. Juli 1990.

mit dieser Thematik zu bearbeiten. Am 16. Juni 1966 erhielt meine Großmutter im Rahmen einer Zeremonie in Massachusetts eine Auszeichnung von der Deutschen Botschaft hier in Amerika. Der deutsche Bundespräsident Heinrich Lübke übergab sie in Anerkennung der jahrelangen Hilfe „an einer ganzen Generation von europäischen Flüchtlingen und Vertriebenen". Außerdem erhielt sie das Bundesverdienstkreuz der Bundesrepublik Deutschland. Bei ihren Aktivitäten war das Judentum wichtig für meine Großmutter Lilli. Sie wollte die Welt besser machen und Gerechtigkeit für alle Menschen erkämpfen. Das war vordringlicher für sie, als all' die kleinen Dinge zu tun, die die Religion dem frommen Juden vorschreibt.

In meiner Familie waren die Auswirkungen der NS-Maßnahmen also nicht ganz so schlimm. Allerdings: Wäre es meiner Mutter damals möglich gewesen, in Deutschland zu bleiben, hätte sie sicher an einer Universität studiert. Sie war sehr intelligent und wäre vielleicht Ärztin geworden wie ihr Vater, oder sie hätte wie ihre Mutter Lilli Jura studiert. Aber nach

Bat-Mizwa-Feier: Alexandra liest die Tora, umgeben von ihrem Vater Philip (links), dem Rabbi Gary Serotta und ihrer Mutter Debbie in Washington/USA.

der Auswanderung in die Vereinigten Staaten hatten meine Großeltern nicht genug Geld, um beide Kinder studieren zu lassen. Das war eine Folge der Ereignisse in Deutschland. Meine Mutter musste arbeiten gehen, ihr Bruder Ernst durfte, weil er ein Mann war, studieren. Das war sehr schade, weil meine Mutter später keine gute Arbeit fand, nur hier und da etwas. Meistens war sie mit uns zu Hause. Aber sie hat sich darüber nie beklagt. Großmutter Lilli aus Mönchengladbach hatte vier Enkelkinder in den Vereinigten Staaten: Kim und mich von ihrer Tochter Lore, Lillis Sohn Ernst (Ernie) wurde Vater von Peter und Wendy Kretzmer. Mein Bruder Kim wurde der ranghöchste jüdische Polizeioffizier in der Geschichte Washingtons. Von uns vier Enkelkindern hat Lilli sieben Urenkel – lauter Mädchen, von denen einige früh genug geboren wurden, um ihre deutsch-jüdische Urgroßmutter noch kennen zu lernen. Alexandra Jennie Dine, meine älteste, 1992 geborene Tochter, war die erste in der Familie, die um ihren 13. Geburtstag herum im August 2005 ihre Bat Mizwa hatte [Bat Mizwa = Tochter der Pflicht, eine Art religiöse Mädcheneinsegnung]. Darauf wären meine Großmutter Lilli und meine Mutter Lore sehr stolz gewesen. Bei diesem Fest spielte mein Onkel Ernie eine wichtige Rolle – 68 Jahre nach seiner eigenen Bar Mizwa, die damals noch zu Hause in Deutschland – genauer: in Mönchengladbach – gefeiert worden war. So schließt sich der Kreis.

Philip M. Dine
Journalist, Jahrgang 1949

5. Ein neues Kapitel

Würden die Kinder und Enkelkinder der damals ausgewanderten jüdischen Mönchengladbacher heute hier leben, wären ihre Namen vielleicht Thomas, Birgit oder Claudia. Nun heißen sie Tom, Joan oder Roberto, denn sie sind weit weg von Deutschland in New York, Philadelphia oder Buenos Aires geboren, wohin ihre Großeltern und Eltern emigriert waren. Rund 300 ehemalige Mönchengladbacher Bürger jüdischen Glaubens aus allen Teilen der Welt folgten im Spätsommer des Jahres 1989 einer Einladung der Stadt, zu einer Besuchswoche in ihre frühere Heimat zu kommen. Die einen waren aus diesem Anlass zum ersten Mal wieder in Deutschland, andere hatten ihre Vaterstadt schon mehrfach wiedergesehen – auf der Suche nach „den Winkeln ihrer Kindheit" und Identität, oder um in öffentlichen Vorträgen über ihre Erlebnisse zu sprechen. Dann sind da noch die wenigen aus Konzentrationlagern und Verstecken Befreiten, die sofort nach dem Krieg wieder in der Stadt waren. Sie alle erinnern sich hier, wie mit dem Neustart im kriegszerstörten Mönchengladbach oder einem ersten Besuch im bereits wieder aufgebauten Deutschland ein „neues Kapitel" für sie anfing. Ihre Empfindungen waren zwiespältig – verständlich aufgrund der zurückliegenden Ereignisse. Die positive Haltung der meisten und die Bereitschaft zur Versöhnung sind heute deutlich spürbar. Vergessen wird wohl niemand erwarten.

Großes Treffen der Gäste vor dem Haus Erholung während der Besuchswoche der ehemaligen jüdischen Mitbürger vom 24. bis 31. August 1989 in Mönchengladbach. Quelle: Stadtarchiv MG 29631/1

Während der Zeit im Ghetto und im KZ dachte ich nicht darüber nach, was man nach dem Krieg machen würde. Ich wollte aber auf jeden Fall nach Deutschland zurück. Wo sollte ich sonst hin? Wo neu anfangen? Mich erhielt aufrecht, dass ich noch hoffte. Ich glaubte, meinen Bruder später wiederzusehen. Das bedeutete mir alles. Ich hoffte auch, unser früheres Kindermädchen Ottilie Mombour zu finden, die meinen Bruder und mich groß gezogen hatte. Sie war fast wie eine Mutter für uns gewesen.

Von Berlin aus kamen wir über den Harz zurück nach Hause. Zusammen mit Marta Löwenstein traf ich am 25. Juli 1945 spät abends in Rheydt ein. Ich war 30 Jahre alt, sie neun Jahre älter als ich. Als die Beamten, die uns in Empfang nahmen, Marta und mich sahen, wussten sie, was los war. Sie überließen uns zum Ausruhen ihr Bett. Ich kann nur sagen: Sie waren alle nett. Jeder hat uns anständig behandelt. Als wir richtig anfingen zu essen, waren wir regelrecht aufgeschwollen und hatten auch mal Durchfälle.

Nach Kriegsende sah die rechte Seite der Hauptstraße noch verhältnismäßig gut aus. Die linke Seite war zerstört. Unser Haus in der Limitenstraße 38 stand nicht mehr. Das Rathaus gab es noch und auch die Polizeistation, die Sparkasse am Markt und die evangelische Hauptkirche. Die Stadthalle war noch einigermaßen in Ordnung. Unser Kindermädchen Ottilie Mombour war mit ihrem Mann gerade zurückgekehrt in ihre Rheydter Wohnung an der Hauptstraße 1/Ecke Friedrich-Ebert-Straße. Als ich an diesem Julimorgen an ihrer Tür schellte, schaute sie aus dem Fenster und erkannte mich sofort wieder. Ich wohnte bei den Mombours, bis ich zusammen mit meiner Freundin Marta eine eigene Wohnung mieten konnte. Von der Firma Robert Reichert erhielten wir eine Wohnung, in der früher ein großer Nazi gewohnt hatte. Dort wohnten wir zusammen, bis ich heiratete. Mein Sohn Hans war schon auf der Welt, als Marta nach Brasilien zu ihrer Familie auswanderte. Fast jedes Jahr kam sie zu Besuch. In Rheydt kannte ich noch eine Menge netter Leute. Sie suchten mich sofort auf. Allerdings ‚bohrten' sie nicht nach meinen Erlebnissen. Auch wir hielten etwas Distanz. Die ganze Vergangenheit mochte ich vor niemandem aufrollen. Ich wollte auch kein Richter sein. Besonders nett war mein Hausbesitzer, die Firma Robert Reichert. Es gab auch Leute, die ich abgewiesen habe, frühere Nazis, die sich nun wieder anbiedern wollten. Aber viele nette Leute waren vernünftig und machten uns Mut. Zurück in Deutschland, unternahm ich sofort etwas. Ich suchte Alfred Kalderoni auf, einen früheren Geschäftsfreund meines Vaters. Von ihm erhielt ich alles, was

Hans Frenkel, der Bruder von Liesel Ginsburg, und das Kindermädchen der Frenkels, Ottilie Mombour, um 1925. Quelle: Stadtarchiv MG 10/41174

Marta Löwenstein 1948 im Geschäft von Liesel Ginsburg an der Dahlener Straße. Quelle: Stadtarchiv MG 10/41175

ich brauchte. Dann ging ich zur Barmer Bank und bekam Geld vom alten Konto meiner Eltern. Wir hatten vor der Deportation auch Geld zurückgelassen. So machte ich mit Kalderoni im November 1945 ein Textilgeschäft in der Dahlener Straße 5 in Rheydt auf. Ich habe von keinem Fremden etwas gebraucht, habe mich direkt auf eigene Füße gestellt und wollte nicht „Dankeschön" sagen müssen. Damals war es ja einfach, ein Geschäft aufzubauen. Es gab Leute, die mich von früher geschäftlich kannten. Und die Fabrikanten hatten Ware. Zuerst machte ich nur für drei Tage die Woche auf: So viel Ware konnte man gar nicht ranschaffen, wie man Kunden hatte. Sie standen Schlange. Wir verkauften vor allem Stoffe. Damals gab es z.B. ungetragene Militärsachen von den Engländern. Auch die verkauften wir.

Bald ging ich wieder ins Theater. Man hatte angenommen, es seien so viele Menschen tot, aber es waren doch noch viele Leute da, auch Männer. Als ich nach ehemaligen Bekannten von der Höheren Schule fragte, erfuhr ich allerdings, dass die meisten Jungs gerade in meinem Alter gefallen waren. Man wartete: Kehrt noch jemand zurück? Erst hoffte ich noch, mein Bruder käme wieder. Dann traf ich jemanden, der mit Hans Anfang 1945 in der Zeche „Bochumer Verein" zusammengewesen war und wusste, dass er umgebracht worden war. Als der Krieg zu Ende war, hatte man ihn zurück nach Buchenwald geschickt. Auf dem Marsch kam er um. Sie hatten nichts zu essen bekommen, als sie nach Buchenwald zurückmarschieren mussten. Sie sind wirklich verhungert. Der Freund meines Bruders war unterwegs weggelaufen. Das hätte Hans auch tun sollen. Bochum war nicht so weit von Rheydt entfernt wie Buchenwald. Ich habe nie begriffen, warum er es nicht tat. Dass mein Bruder nicht zurückkehrte, war sehr, sehr schlimm.

Der Einstieg zurück ins Leben – das ging ganz schnell. Wir haben uns nicht selbst bedauert. Und ich hatte Marta, meine Freundin, die das gleiche wie ich erlebt hatte. Das gab mir Halt. Mein späterer Mann und ich kannten uns aus Riga, wo wir unsere Adressen ausgetauscht hatten. Nach seiner Befreiung im KZ Buchenwald schrieb er mir nach Rheydt. Dass man sich wiederfand, war natürlich toll. Ich heiratete 1949, 1951 wurde mein Sohn Hans geboren. 1957, als er sechs war, gingen wir nach Köln: Hans sollte jüdischen Religionsunterricht haben. In Rheydt gab es das in den 50er-Jahren nicht. In Köln existierte wenigstens eine Gemeinde. Mein Sohn sagte neulich: „Für mich war meine Jugend sehr schwer." Ich habe ihm meine Lebensgeschichte, die Deportation nach Riga, den Tod seiner Großeltern usw., bröckchenweise erzählt. Er musste das verarbeiten – auch nicht einfach! Aber ich wollte es ihm erzählen.

Die Kisten mit Umzugsgut, die wir schon für unsere Ausreise im Hamburger Freihafen liegen hatten, fand ich nach meiner Rückkehr aus den Lagern in Rheydt wieder vor. Nachdem die Ausreisepläne sich durch den Kriegsausbruch 1939 zerschlagen hatten, ließ mein Vater die Kisten zurückkommen und stellte sie bei einem nicht-jüdischen Geschäftsfreund, in der Fabrik bei Arno Schürer, unter. Noch heute stehen in meiner Wohnung Möbel von zu Hause und ich esse noch von dem Porzellan, das meine Eltern früher zu Hause hatten. Das war natürlich ein Riesen-Schatz damals, aber ich sagte immer: „Ich hätte lieber die verlorenen Menschen zurückgehabt!" Ich koche heute nicht mehr koscher in meinem Haushalt. Nach dem Krieg hat man an so etwas einfach nicht mehr gedacht. Was sollte das?
Liesel Ginsburg geb. Frenkel
Selbstständige, Jahrgang 1915

Als ich 1965 nach Mönchengladbach zurückkam, ging ich zur Blücherstraße an die Stelle, wo früher die Synagoge gewesen war, außerdem die Schule und der Hof zum Spielen. Ich fand eine Baustelle mit einem großen eisernen Tor, einer Kette und einem Schloss daran. Was mich bewegt hat: Es gibt nichts, was die Leute heute daran erinnert, was damals dort geschah. Das macht mich ärgerlicher über Mönchengladbach als irgendetwas anderes. Es war eine Enttäuschung. Sogar heute empfinde ich noch, dass ein Gedenkstein an der Stadtbibliothek, also auf der anderen Straßenseite, gegenüber der ehemaligen Synagoge, mich nicht wirklich berührt. Es dürfte überhaupt keine Frage sein, dass es selbst an einem Privathaus ein kleines Schild geben sollte mit dem Hinweis: „Hier stand einmal die Mönchengladbacher Synagoge, die am 10. November 1938 verbrannt wurde."

Wenn man mich fragt: „Wo ist Ihre Heimat?", antworte ich ganz ehrlich: „Das weiß ich nicht." Ich fühle mich unter meinen Kindern zu Hause und früher mit meiner damaligen Frau, die verstorben ist. Fühle ich mich heute in Kanada zu Hause oder

Heinz D. Kirchheimers Bruder Ernst, geb. am 12. Dezember 1920 in Mönchengladbach, als amerikanischer Unteroffizier im August 1945. Quelle: Stadtarchiv MG 10/39612

vorher in Amerika? Ich liebe Nordamerika und auch die Gegend und die Leute, aber das Gefühl von Heimat im alten Sinn der Jugendzeit habe ich hier nicht. Ich bin ein deutscher Jude, und nicht – wie die Nazis es damals definierten – nur ein Jude in Deutschland. Da ich noch meinen alten deutschen Pass aus dem Jahr 1934 besitze, den ich damals ausgestellt bekam, um zur Schule nach England gehen zu können, habe ich manchmal darüber nachgedacht, ob das heutige Deutschland diesen Pass als gültig anerkennen würde. Damit kommt natürlich die Frage auf, ob das Nazi-Gesetz von 1935, das uns deutschen Juden die Staatsbürgerschaft aberkannte, heute noch Gültigkeit hat. In einem demokratischen Deutschland sollte ein solches Gesetz nicht gültig sein. Und wenn es so wäre, dann könnte man doch sagen, dass wir niemals die deutsche Staatsangehörigkeit verloren haben. Ist es möglich, ein Jude und Deutscher zu sein? Könnte ich wahrhaftig heute ein Jude in Deutschland sein und mich dort zu Hause fühlen? Ich bezweifle das. Hat das mit Deutschland zu tun, so wie es jetzt ist? Ich denke nicht. Nein, es hat mit mir zu tun, mit meinen eigenen Erfahrungen. Es gibt aber Juden, die nach Deutschland zurückgingen und sich dort wieder gut einleben konnten. Ich weiß das.
Dr. Heinz D. Kirk (Heinz Kirchheimer)
Soziologe, Jahrgang 1918

Nach dem Krieg gab es nur noch wenige jüdische Überlebende. Die Ausrottung unserer jüdischen Mitbürger war nach meiner Erinnerung kein öffentliches Thema wie heute. Man hörte nur gelegentlich von Wiedergutmachung und Ausgleichszahlungen für Häuser und Fabriken. Es war eine der sehr guten Stunden für unsere Heimatstadt, als der Rat Ende 1987 beschloss, alle noch lebenden jüdischen Bürger für eine Woche nach Mönchengladbach einzuladen. Im Haus Zoar gab es dazu eine sehr gute

Dr. Heinz David Kirk – früher Kirchheimer –, um 1990.

Ausstellung über die jüdischen Familien in Gladbach. In dieser Ausstellung stand ich damals gerade mit meinen jüdischen Freunden Gert und Helga, Herbert und Pudgy Weinstein zusammen, als plötzlich eine Frau anfing zu schreien: „Das ist ja mein Vater!" Sie hatte auf einer KZ-Aufnahme ihren Vater entdeckt.
Hans-Georg Hollweg (nicht-jüdisch)
Kaufmann, Jahrgang 1929

Als ich 1978 zum ersten Mal wieder in Deutschland war und Freunde von früher in Mönchengladbach besuchte, hatte ich dabei zuerst noch ein unangenehmes Gefühl. Bei den älteren Leuten konnte ich ja nicht wissen, wer Nazi gewesen war und wie sich der Betreffende im „Dritten Reich" verhalten hatte. Doch meine und die jüngere Generation kamen mir aufgeschlossen und freundschaftlich entgegen. Es hatte sich eben vieles geändert. Ich besuchte die Plätze, wo ich als Kind gespielt hatte, ging auch meinen alten Schulweg. Obwohl man

sagt, Heimat sei dort, wo man die Schule besucht hat, fühlte ich mich hier nicht mehr zu Hause. Als ich 1939 wegging, war ich noch zu jung gewesen, um jetzt irgendwelche Anschlüsse zu finden. Mein Vater konnte das schon eher. Er kam 1953/54 nach Mönchengladbach, um zu sehen, ob er noch etwas retten konnte von dem Vermögen, das in Deutschland geblieben war. Dann kam er noch einmal nach Gladbach, nachdem meine Mutter gestorben war. Er suchte hier die Menschen auf, die seine Freunde von früher waren. Vor allen Dingen Frieda Spillecke, auch Karl Peters und Herrn Wendehorst vom Tapetengeschäft Peters. Obwohl dieser unser Geschäft damals zu einem kleinen Preis kaufen konnte, war er kein Antisemit. Er stand meinem Vater freundschaftlich gegenüber und war vielleicht eine Konkurrenz, aber immer Geschäftsfreund. Ich glaube, er hat später sogar noch etwas nachgezahlt. Mein Vater war wohl auch durch einen Lastenausgleich des Staates entschädigt worden. 1989, als wir von der Stadt Mönchengladbach eingeladen wurden und Oberbürgermeister Feldhege so bewegende Worte sprach, fühlte ich wieder Interesse und Sympathie den Leuten gegenüber, die ich bei diesem Anlass traf. Aber Heimat – gibt es hierfür ein Wort in einer anderen Sprache? – Heimat war hier nicht mehr. Die hatte man uns genommen, wir sind gewissermaßen gewaltsam entwurzelt worden. Die deutsche Sprache und Kultur sind uns geblieben. Das hat ja nichts mit den Nazis zu tun. Nach unserer Emigration 1939 sprachen wir weiter deutsch. Ich spreche, wie mir meine Kinder sagen, Spanisch immer noch mit Akzent, nach nunmehr fast 67 Jahren in Argentinien. Meine Söhne sprechen, schreiben und lesen fließend Deutsch – angeblich mit rheinischem Tonfall. Selbst meine Enkel verstehen ganz gut Deutsch und kennen eine Menge Lieder in dieser Sprache. Weil uns diese Kultur also geblieben ist und auch, weil die heutige Generation ja keine Schuld am Nazismus hat, kann ich mich mit den Menschen anfreunden und mich für ihr Leben interessieren. Den Holocaust, der so viele meiner Lieben und Freunde hinweg gerafft hat, kann ich aber nie mehr vergessen.
Liesel Bein geb. Mayer
Sekretärin, Jahrgang 1926

1957 kehrte ich zum ersten Mal nach Deutschland zurück. Ich kam an einem Dienstag in Düsseldorf an und ging in ein schreckliches Hotel in der Nähe des Bahnhofs. Ich konnte nicht schlafen, nicht den Morgen erwarten und nahm den ersten Zug nach Rheydt. Dort angekommen, lief ich zu meinem Elternhaus an der Bahnhofstraße und zu meiner alten Schule. Als ich den Marktplatz überquerte, die Stände sah und den Betrieb, kam es mir vor, als sei ich nie weg gewesen. Ich suchte das Rathaus auf und traf meinen Schulkameraden Schiffer, der sehr lieb zu mir war. Dann ging ich mit einer Schachtel Zigarren bewaffnet zu meinem guten Klassenlehrer nach Odenkirchen. Der brave alte Mann weinte, als er mich sah. Ich besuchte Friedchen Cohnen und Familie Altwasser, kroch in alle Winkel meiner Jugend zurück, wieder und wieder. Jedes Mal, wenn ich nach Bolivien zurückkam, wollte ich mir das neue Rheydt ins Gedächtnis rufen, immer erschien das alte.

Ich bin weder Bolivianer noch Argentinier geworden. Ich besitze nach wie vor einen deutschen Pass und spreche Deutsch. Meine Kindheit verbrachte ich glücklich mit meinen Eltern in Rheydt. Wenn ich so zurückblicke, ist trotz allem, was gewesen ist, Deutschland meine Heimat geblieben. In Bolivien und in Argentinien habe ich nie so ganz dazugehört oder es zumindest so empfunden. Jetzt bleibt die Freude an meiner auf diesem Erdteil gegründeten herrlichen Familie, das große Glück, noch leben zu dürfen, das so vielen, vielen anderen genommen wurde und ganz tief drinnen die Wehmut, dass ich doch sehr entwurzelt bin.

Wir besuchten das Treffen der jüdischen Bürger in Mönchengladbach im August 1989 und waren gerührt über die Wiedervereinigung mit alten, guten Freunden aus der Vorkriegszeit sowie über die fantastische Aufnahme durch Bürger und Persönlichkeiten der Stadt Mönchengladbach.

Es wurden Bücher darüber geschrieben, wie unsere Kinder, die Kinder der jüdischen Emigranten aus der NS-Zeit, über die Nazizeit und das, was mit uns passierte, denken. Sie können kaum verstehen, wie es dazu kommen konnte. Dass die Regierungen der Welt, die Mitbürger, die Kirche und vor allem wir Juden selbst nicht beizeiten etwas dagegen taten. Für uns und für viele Mitbürger war es wohl zu spät. Wenn ich an das heutige Deutschland denke, ist mir vollkommen bewusst, dass es sich vollends geändert hat und dass man alles tut, damit das, was geschah, nicht in Vergessenheit gerät.
Walter Salmon
Kaufmann, Jahrgang 1924

1954 kam ich im Rahmen einer Reise mit Freunden zum ersten Mal nach Deutschland zurück. Dabei sah ich auch Rheindahlen wieder. Insgesamt kam ich zwölf Mal nach Deutschland. 1977 wurde nach 40 Jahren wieder ein Klassentreffen organisiert und fünfzehn von uns waren dort. Dadurch kam ich wieder mit den anderen in Kontakt. Ich kann noch fast alles in Deutsch verstehen. Aber beim Sprechen kommen die Worte nicht mehr flüssig.
Hilda Nathan
Buchhalterin, Lehrerin, Jahrgang 1918

Meine Freundinnen und ich kamen auf die Idee, eine Heiratsanzeige aufzugeben. Darauf meldete sich unter anderen mein späterer Mann Manfred Leven. Es kamen so viele Briefe hier an, aber bei diesem dachte ich von Anfang an: Der ist es! Warum,

Lisa und Walter Salmon im Dezember 2004.

kann ich heute nicht mehr sagen. 1960 fuhr ich zu einem Treffen nach Odenkirchen. Manfreds Tochter Marion aus erster Ehe war damals dabei. Ich vergesse nie, wie ich meiner Familie sagte, dass wir heiraten wollten. „Katholisch oder evangelisch?" Da musste ich ja sagen, dass Manfred jüdisch war. Meine Mutter wurde kreidebleich. „Kind, überleg' Dir das gut!" Heute verstehe ich, warum sie es sagte: Sie hatte Angst. Hoffentlich kommt so eine Zeit nicht noch einmal wieder und ihr müsst dasselbe ein weiteres Mal erleben, dachte sie. Meine Mutter hatte um Manfred genauso viel Angst wie um mich, denn sie und ihr Schwiegersohn hatten ein gutes Verhältnis zueinander. Meine Eltern und Geschwister reagierten überhaupt nicht negativ, als ich sagte, dass ich einen Juden heiraten wolle. Über seine Vergangenheit erzählte Manfred mir damals bis kurz vor der Heirat nichts. Er hatte diese eintätowierte Nummer auf dem Arm. Ich sprach ihn darauf an und er antwortete: „Das ist meine Telefonnummer!" Einmal fragte ein junger Assistenzarzt meinen Mann bei einer Untersuchung im Krankenhaus nach dieser Nummer. Er gab seine übliche Antwort. Da ging der Professor mit dem angehenden Arzt hinaus und als sie wieder hereinkamen, entschuldigte sich der jüngere Mann. Manfred trug aus diesem Grund in den ersten Jahren nie ein Hemd mit kurzen Ärmeln.

In unserer jüdisch-christlichen Ehe wurde das Jüdische nicht mehr gelebt. Mein Mann Manfred lebte zwar nach seiner Religion, beging die Feiertage aus seiner Jugend und ging zur Synagoge. „Ich bin als Jude geboren und ich halte alles ein", sagte er. Aber zu Hause lebte er das nicht. Ich hatte gesagt, dass ich nicht übertrete. Und unsere zwei Kinder konnte ich nicht jüdisch erziehen.

Eines Tages sahen wir ein bekanntes Bild aus dem KZ Buchenwald im Fernsehen. Sie zeigten es ganz nah. „Guck' mal, da bist du doch drauf!", sagte ich zu meinem Mann. Er sprach daraufhin u.a. mit dem Stadtarchiv und wir bekamen diese Fotos zugeschickt, auf denen Manfred zu sehen ist. „Ich weiß nicht, wie diese Bilder aufgenommen worden sind", wunderte er sich.

Als die Vorbereitungen für das Treffen der ehemaligen Mitbürger jüdischen Glaubens stattfanden, fing mein Mann an, über das Thema Holocaust zu sprechen und damit auch in die Schulen zu gehen, zum Beispiel in die Grundschule Kirschhecke und ins Gymnasium hier in Odenkirchen. Dort redete er zum ersten Mal über

Das Foto aus dem Konzentrationslager Buchenwald zeigt Manfred Leven im linken obersten Pritschengestell als Dritten von links. Die Aufnahme entstand bei der Befreiung des KZ durch Amerikaner am 15. April 1945. In die Kamera blickt auch der spätere Nobelpreisträger Elie Wiesel, als Siebter von links in der mittleren Reihe.

seine Angst, seine Nöte, ließ alles heraus. Er hätte es schon ein paar Jahre früher machen sollen. Bis dahin hatte Manfred alles nachts verarbeitet. Sobald es dunkel wurde, bekam er Panik, Angst. „Da sind sie wieder, sie holen mich!" – „Manfred", sagte ich dann, „du bist zu Hause!" Es blieb so, bis zum letzten Tag.
Christel Leven (nicht-jüdisch)
Hausfrau, Jahrgang 1939

Bis zu dem Treffen der ehemaligen Mönchengladbacher Juden im August 1989 erzählte mein Vater nichts über seine schrecklichen Erlebnisse. Damals merkte er: Mensch, da sind Leute, die das gleiche Schicksal haben – die sprechen darüber. Sie kamen aus Israel, aus den USA usw. und hatten sich viel mehr damit beschäftigt. Von diesem Zeitpunkt an sprach er dann viel über das Schicksal der Juden, aber nicht über seine eigene Geschichte. Mein Großvater Otto schimpfte sehr, als Papa mit diesem Thema an die Schulen ging. Er wollte es nicht hochkommen lassen, schottete sich ab. Papa sollte seiner Meinung nach auch darüber schweigen. Papa hat es aber gut getan, darüber zu sprechen. Großvater nahm es mit ins Grab.

Die Geschichte meines Vaters hat mich des Öfteren traurig gestimmt, aber Wut empfand ich nie, denn ein so lebensfroher Mensch wie mein Vater hat mir nie Wut vermittelt. Natürlich hat mich diese Geschichte ein wenig geprägt, allerdings nur positiv, wie ich finde. Mein Vater gab die Erkenntnis an mich weiter, dass sich so etwas nie wiederholen darf und dass man aufbegehren muss, wenn man es für nötig hält. In seinen letzten Jahren war es ihm wichtig, diese Einstellung jungen Leuten ohne erhobenen Zeigefinger und übertriebene Religiosität zu vermitteln.
Marion Öztürk, geb. Leven
techn. Angestellte, Jahrgang 1957

Manfred Leven mit dem 1991 verstorbenen Kurt Hecht (rechts), dem damaligen Vorsteher der Jüdischen Gemeinde Mönchengladbach, um 1985.

Mein Onkel Otto und sein Sohn Manfred überlebten das Konzentrationslager und kehrten einige Jahre nach dem Krieg, in denen sie zunächst in Belgien gelebt hatten, wieder zurück nach Rheydt-Odenkirchen. Sie fühlten sich einfach deutsch, wollten zurück in ihre Heimat, ihre eigene Sprache sprechen. Auch meine Adoptivmutter Meta, die inzwischen fließend Französisch sprach und sonst nur Hochdeutsch gebrauchte, verfiel immer mit Vergnügen in den typischen Dialekt, wenn sie in Odenkirchen war. Jedes Mal, wenn wir zusammen nach Deutschland kamen, merkte ich, hier war sie zu Hause. Zu jedem Familiengeburtstag fuhren wir nach Rheydt. Zum Treffen der ehemaligen Jüdischen Bürger 1989 in Mönchengladbach war ich selbst nicht eingeladen, begleitete aber meine Adoptivmutter, die eine offizielle Einladung hatte, ebenso wie mein Onkel Otto Leven und seine Frau Martha mit meinem Cousin Manfred Leven. Bei der Ausstellung „Sie waren und sie sind unsere Nachbarn", in der es eine Liste der deportierten Juden aus Mönchengladbach gab, entdeckte ich außer den Namen meiner Mutter und meines Bruders auch meinen eigenen Namen. Ein Irrtum. Auch in Günter Erckens Buch „Juden in Mönchengladbach" bin ich als Deportierte genannt. Das erklärt auch, dass ich zum Treffen nicht eingeladen wurde. Meinen Namen auf der Liste zu entdecken, war ein seltsames Gefühl: Vielleicht existierte ich gar nicht? Vielleicht war ich ein Phantom? Ich erzählte meiner Tochter am Telefon davon und sie fing bitterlich an zu weinen. Was mich sehr beeindruckt hat: Alle diese jüdischen Leute, die zu Besuch gekommen waren, kamen mir vor wie Gespenster. Früher waren sie hier zu Hause gewesen, jetzt hatte man sie im Hotel untergebracht. Einst waren diese Leute hier geboren worden, hatten Häuser gehabt und hier gelebt, und nichts war jetzt mehr davon übrig. Das hatte etwas Surrealistisches. Das Treffen zu veranstalten war aber eine gute Idee. Es war sehr schmerzvoll, aber es war eine gute Idee. Über diese Besuchswoche schrieb ich zuerst einen Bericht für die „Odenkirchener Nachrichten", machte später daraus eine Erzählung, die in Französisch unter dem Titel „Moi, Poissons-Sagittaire" publiziert wurde und dann in Englisch unter dem Titel „Now you are Sara" erschien.

Caroline Alexander
Musikkritikerin, Schriftstellerin,
Jahrgang 1936

1989 arbeitete ich als Journalist für die „St. Louis Post-Dispatch". Diese Zeitung wurde 1878 vom berühmten Joseph Pulitzer gegründet, der jüdische Vorfahren hatte und nach St. Louis im US-Staat Missouri ausgewandert war. Ich hörte von der Einladung an 160 jüdische ehemalige Bürger von Mönchengladbach, nach 50 Jahren wieder in ihre Heimatstadt zu kommen. Auch meine Großmutter, meine Mutter Lore Dine und mein Onkel Ernst erhielten eine Einladung für die Besuchswoche. Ich sollte für meine Zeitung etwas über Mönchengladbach berichten und habe dort vor allem mit den Leuten aus St. Louis geredet, die früher in Mönchengladbach gelebt hatten. Dazu gehörten Ed Nussbaum und Kurt Haas.

Die Besucher bildeten keine homogene Gruppe. Sie waren aus allen möglichen Ländern angereist. Je nachdem, wohin sie während der Nazi-Zeit ausgewandert waren, sprachen sie Englisch, Spanisch, Hebräisch oder Französisch. Jede Person hatte eine deutsche Gastfamilie. Wir alle unternahmen gemeinsam viel. Es gab auch ein Treffen mit dem Bürgermeister von Mönchengladbach. Er war sehr bewegt. Bei einigen Leuten schwankte die Stimmung gefühlsmäßig zwischen up und down. Einerseits war man froh, Leute wiederzu-

Lore Dine geb. Kretzmer aus Mönchengladbach, im Alter von 28 Jahren. Das Foto entstand am 3. August 1951 in den USA.

sehen, dann wieder waren manche traurig und emotional. Zum Beispiel Kurt Haas. Er war sich nicht sicher, ob er Leuten vertrauen konnte. Wenn etwa ein deutscher Offizieller sagte, er sei froh, die jüdischen Leute zu sehen, wusste Haas nicht wirklich, ob er das glauben konnte. Ein anderes Beispiel: Ed Nussbaum war anfangs, als er zum Treffen kam, sehr misstrauisch, aber am Ende zufrieden. Man glaubte den Mönchengladbacher Gastgebern schließlich, dass sie über alles, was früher passiert war, beschämt waren und dass man mit diesem Treffen eine Brücke bilden wollte zu den ehemaligen jüdischen Mitbürgern. Die Gäste besuchten ihre früheren Wohnhäuser, wobei die jetzigen Bewohner überall höflich waren. Auch trafen sie Schulfreunde von früher. Einige waren während der Nazizeit mit den jüdischen Mitschülern befreundet geblieben, andere hatten in diesen Jahren nicht mehr mit ihnen gesprochen. Sie gingen auch in ihre ehemaligen Schulen, um mit den Schülern dort über Toleranz zu sprechen und ähnliches. Eine Frau aus New York meinte, das sei die emotionalste Woche ihres Lebens gewesen. Sie traf Leute wieder, von denen sie nicht geglaubt hatte, dass sie sie noch einmal sehen würde. Ein paar der Besucher wurden krank und eine Person benötigte psychiatrische Hilfe. Es gab unglaubliche Dinge in dieser Woche: Kurt Haas traf die ehemalige Haushälterin seiner Familie wieder. Zuletzt hatte er Maria Schroers in einer Nacht des Jahres 1937 gesehen, als sie seiner Familie beim Packen für die Ausreise half. Nun war sie 77 Jahre alt. Über dem Sofa im Wohnzimmer ihres Hauses entdeckte Haas ein großes Ölbild, das seine Mutter zeigte. Er konnte es nicht fassen. „Ich hatte etwas derart Emotionales nicht erwartet", sagte er und fügte hinzu, dass er innerlich zu verhärtet gewesen sei, um zu weinen – seine Frau tat es an seiner Stelle.

Es gab während der Besuchswoche auch eine Ausstellung mit einer besonderen Karte. Sie zeigte den Weg der 638 jüdischen Menschen, die aus Mönchengladbach in 19 Konzentrationslager deportiert wurden. Nur 27 überlebten das. Für meine Familie war es vielleicht nicht so schwer wie für andere Leute, weil sie 1939 aus Deutschland weggehen konnten und danach ein gutes Leben hatten. Es war trotzdem auch nicht leicht für sie, nach Mönchengladbach zu kommen. Damals war meine Mutter ziemlich anti-deutsch eingestellt und wäre diese Einladung der Stadt Mönchengladbach nicht eingetroffen, so bin ich nicht sicher, ob meine Angehörigen – Großmutter war damals 89 Jahre alt – überhaupt noch einmal nach Deutschland gereist wären. Über das Treffen berichtete ich für meine Zeitung in zwei Artikeln, die am 6. September 1989 in der „St. Louis Post-Dispatch" erschienen.
Philip M. Dine,
Journalist, Jahrgang 1949

Ich besuche gerne meine Freunde in Deutschland, besonders auch Familie Martin Gross und Rechtsanwalt Dr. Hansgeorg Erckens in Mönchengladbach sowie Familie Erle-van-Gelder in Dortmund. Dann gehe ich auch zum Friedhof, wo meine Vorfahren seit über dreihundert Jahren begraben sind. Uns hat man damals heraus geworfen, unsere Verwandten ermordet. Ich könnte nie zurückkommen und dort wieder leben! Als ich in die USA kam, war ich erst zwölf Jahre alt und bin völlig Amerikanerin geworden. Natürlich hat man noch seine europäischen Manieren und Ansichten, aber das ist gut so. Heute halte ich Vorträge über meine Lebensgeschichte an Schulen und bei verschiedenen Organisationen. Ich war an mehreren TV-Dokumentationen zu diesem Themenkreis beteiligt, auch in Europa, in Israel und in Mönchengladbach. Die Gladbacher Schüler

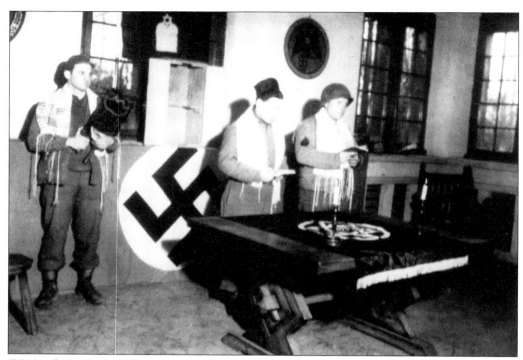

Jüdischer Gottesdienst im Rittersaal von Schloss Rheydt am 5. März 1945. Abraham Mirmelstein (links) hält die Schriftrolle. In der Mitte: Rabbi Captain Manuel M. Poliakoff und rechts Corporel Martin Willen Cantor. Stadtarchiv MG 10/38418

hörten mir gut zu und sagten später, dass sie durch die Schilderung meiner persönlichen Erfahrungen viel mehr gelernt hätten als aus Büchern, wo oft nur eine kurze Geschichte des Holocausts zu lesen sei. Ich wirkte auch mit an einem Film über die St. Louis, den das ZDF/Network drehte. Er wurde im Januar 2006 im deutschen Fernsehen gezeigt.

Liesl Loeb geb. Joseph
Grafikerin, Jahrgang 1928

Liesl Loeb, die Tochter des jüdischen Rechtsanwaltes Josef Joseph, habe ich in meiner Eigenschaft als Rechtsanwalt kennen gelernt und gewann sofort persönlichen Kontakt, der beiderseits Interesse an der Aufarbeitung der Vergangenheit zeigte. Beide meinten wir, der Jugend im Vortrag von erlebter Geschichte die Überzeugung zu vermitteln, dass jeder Einzelne immer wachsam sein muss, damit sich in der Zukunft keine Geschehnisse entwickeln, die dem gleichen, was in der Vergangenheit liegt. So wunderte ich mich nicht, dass sich eines Tages Liesl Loeb bei mir meldete und den Vorschlag unterbreitete, in Gladbacher Schulen über die Zeit zu sprechen, in der sie als Jüdin während des „Dritten Reichs" in ihrer Heimatstadt lebte sowie über die Auswanderung ihrer Familie nach Amerika. Diesen Vorschlag griff ich auf und wir vereinbarten, in Gladbacher Schulen – insgesamt acht – eine Vortragsveranstaltung durchzuführen. Den Vortrag hielten wir beide. Vorne auf dem Podium saßen Frau Loeb, außerdem der bereits verstorbene Geschäftsführer der Gesellschaft für Christlich-Jüdische Zusammenarbeit, Herr Horst Keßler, und ich. Frau Loeb erzählte von ihren persönlichen Erlebnissen, ich unterbrach sie vereinbarungsgemäß und berichtete über den politischen Hintergrund. Durch dieses Wechselspiel steigerte sich die Aufmerksamkeit der Zuhörer, die durchaus gebannt den Darstellungen folgten. Die Schüler machten lebhaft mit, stellten Fragen und waren freudig überrascht, wenn sie Namen aus ihrem Bekanntenkreis oder der Familienumgebung hörten und dadurch die Nähe zur Geschichte spürten. Es war eine neue, nach unserer Auffassung wirkungsvolle Art und Weise, jungen Leuten nahe zu bringen, wie damals gelitten wurde, wie sich im Nationalsozialismus das Leben der Verfolgten abgespielt hat. Es ist bewundernswert, dass Menschen wie Frau Loeb darüber deutlich, aber objektiv und ohne erhobenen Zeigefinger berichten und dabei das Alltägliche, in das manches Heitere eingewebt ist, nicht vergessen. Eine Vortragsveranstaltung, an der etwa 150 oder 180 Schüler teilnahmen, fand beispielsweise beim Berufskolleg statt. Es gab auch mal eine kleinere Gruppe mit etwa 30 Schülern. Beim Vortrag in der Marienschule waren es, glaube ich, 200 Schüler, die alle bis zur letzten Bank zuhörten.

Dr. Hansgeorg Erckens (nicht-jüdisch)
Rechtsanwalt, Jahrgang 1930

Ich habe in meinem Leben oft gehört, dass einfache Leute gedankenlos sagten: „Die Juden haben aber bestimmt viel Geld gekriegt von der Stadt!" Oder die Ansicht: „Alle Juden haben Krummnasen und braune Augen", was ja zum Beispiel auf mich und meine Familie nicht zutrifft. Wenn man sich dann mal mit den Leuten unterhält, sind sie erstaunt und sagen: „Oh, das wusste ich gar nicht, dass man Juden nicht grundsätzlich an äußeren Merkmalen erkennt."

Die Vergangenheit hat mein Leben geprägt und ist immer sehr präsent. Aber ich habe in etwa meinen Frieden geschlossen mit diesen Dingen. Ich verdränge das, vergessen kann ich es nicht. Das Einzige aus der Nazizeit, was mich bis zum heutigen Tage sehr stark bedrückt und immer begleitet: dass ich als jüdisches Kind keine Schulausbildung erhalten habe, dass die Nazis mich darum gebracht haben – von dem einen Schuljahr an der Israelitischen Schule einmal abgesehen. Ich frage mich, was aus mir geworden wäre, wenn ich die Möglichkeit gehabt hätte, weiter zur Schule zu gehen, später vielleicht eine weiterführende Einrichtung zu besuchen. Mein Mann und ich hatten zwei Geschäfte für Berufsbekleidung, in Mönchengladbach an der Franz-Gielen-Straße und in Rheydt an der Hauptstraße. Achtzehn Jahre lang führte ich alleine das Geschäft in Gladbach. Manchmal stieß ich dabei an meine Grenzen, wenn ich etwas wissen musste, was ich nicht gelernt hatte. Auch heute bin ich zum Beispiel manchmal unsicher, wie man etwas schreibt. Dann habe ich sofort diese Nazi-Zeit im Kopf und auch eine „leichte" Wut. Ich ärgere mich darüber, dass mir die Schulbildung fehlt. Mit meinen Kindern habe ich nicht über die Vergangenheit gesprochen. Eigentlich wollte ich es ihnen ersparen. Dabei habe ich einen großen Fehler gemacht, den ich heute bedauere: Ich ließ meine Kinder katholisch taufen. Das würde ich nicht noch einmal tun. Damals war ich ja noch sehr jung und die Erinnerungen alle noch so frisch, dass ich mir einbildete, meine Kinder vor einer möglichen Verfolgung bewahren zu müssen. Falls Juden noch einmal etwas passiert, wären sie geschützt in der Religion ihres Vaters. Heute würde ich meine Kinder, wie mein Bruder, der auch zwei Kinder hat, gar nicht taufen lassen. Später könnten sie dann machen, was sie wollen. Es gibt eigentlich nicht viele Dinge, die ich, im Nachhinein betrachtet, heute anders machen würde. Der eine Punkt betrifft eben die Taufe meiner Kinder. Der andere: Es tut mir leid,

dass ich nicht mit meinem Mann nach Israel ausgewandert bin. Mein Mann wollte das. Ich bin aber sehr heimatverbunden, ich bin hier geboren und wollte hier bleiben. Bevor ich meine ganz große Reise antrete, möchte ich einmal nach Israel.
Ruth Hermges geb. Vergosen
Selbstständige, Jahrgang 1932

Auf die Frage nach meinem Bruder Günter, der das mehrbändige Werk „Juden in Mönchengladbach" verfasst hat, möchte ich folgendes sagen: Der Urgrund für die Beschäftigung meines Bruders mit dem Thema Judentum in Mönchengladbach ist meiner Meinung nach gewesen, dass er Kontakt hatte mit einem Juden in England, einem Herrn Stern. Dann ergaben sich die zweifellos vorhandenen emotionellen Dinge. Wer sich mit der Historie beschäftigt, setzt sich zunächst einmal rein sachlich mit den Dingen auseinander, die historisch von Bedeutung sind. Wenn es sich aber um eine solche Historie handelt wie die vorliegende hier, und wenn das darin mündet, dass man über Jahre hinweg Korrespondenz mit Hunderten von jüdischen ehemaligen Mitbürgern führt, dann ist man berührt von dem Schicksal, das man von den einzelnen Juden erfährt. Das kann einen nicht unberührt lassen und darunter hat mein Bruder durchaus gelitten, ohne dass diese emotionelle Regung an der sachlichen Darstellung, die er dann gebracht hat, etwas änderte. Mein Bruder, der Steuerfachmann und später Leitender Ministerialrat im Finanzministerium war, hat sehr viel zu Hause an dem Werk „Juden in Mönchengladbach" gearbeitet. Die Familie stand auch sehr stark unter dem Eindruck dieses Buches. Günter hat sehr vieles erfragt und in Erfahrung gebracht, alle jüdischen Personen angeschrieben, ob sie noch zu dem oder dem etwas sagen könnten. Es war eine unglaubliche Korrespondenz, die sich weitgehend hier im Stadtarchiv befindet. Das ganze Buch war 1989 fertig. Günter ist 1988 noch vor dem Erscheinen gestorben. Der dritte Band mit dem Namens-Verzeichnis stammt nicht mehr von ihm.
Dr. Hansgeorg Erckens (nicht-jüdisch)
Rechtsanwalt, Jahrgang 1930

Ich bin in Zfat geboren, im Norden von Israel, und habe mein bisheriges Leben in Arad, im Süden des Landes verbracht. Alle meine Vorfahren mütterlicherseits stammen dagegen aus Deutschland: Mein Urgroßvater Karl Wallach war Arzt in Mönchengladbach und hatte seine Praxis und sein Wohnhaus an der Erzbergerstraße 6. Sein Sohn, mein Großvater Dr. Kurt Shimon Wallach, wanderte 1933 wegen des Nationalsozialismus nach Israel aus und heiratete dort meine Großmutter, 1942 kam meine Mutter zur Welt. Bei meiner Geburt 1983 lebte mein Großvater schon wieder

Die Gedenktafel zu Ehren des Verfassers der mehrbändigen Publikation „Juden in Mönchengladbach", Dr. Günter Erckens, an dessen Geburtshaus an der Richard-Wagner-Straße.

hier in seiner Heimatstadt Mönchengladbach. Er und ich, seine jüngste Enkelin, hatten über diese weite Entfernung hinweg immer einen guten Kontakt zueinander. 1991 waren meine Eltern und ich zum ersten Mal in Mönchengladbach zu Besuch bei ihm. Mit 16 Jahren kam ich wieder für etwa einen Monat hierher. Das war für mich etwas Besonderes, weil ich zum ersten Mal alleine im Ausland, in Deutschland war. Damals konnte ich nur drei, vier Worte Deutsch: Ja, Nein, Dankeschön, alles andere musste ich auf Englisch sagen. Dann war ich fast jeden Sommer hier in Mönchengladbach, monatelang weg von Israel. Es war nie langweilig, mein Opa machte mich mit Leuten bekannt, ich hatte auch meine Bücher, und nach und nach lernte ich hier Menschen kennen. Großvater sagte zu mir: „Leah, du hast deutsche Vorfahren, du musst sie suchen." Er weiß ganz genau in der Familie Bescheid, wer mein Cousin ist, Oma, Opa usw. Immer wieder forderte er mich auf, ich solle meine Verwandten suchen. Das war schon interessant! Ich bin ein Einzelkind und dachte immer, meine Familie sei klein: Mutter, Vater und ich, die Großeltern und zwei Tanten. Aber jetzt heißt es: „Dieser Mann ist dein Cousin", „Diese Frau ist deine Tante" und so weiter. Oh, so viele sind es! Ich weiß nicht, woher sie plötzlich alle „kommen" und staune.

Eines Tages kam mein Opa mit der Idee, dass ich nach Deutschland kommen und auch die deutsche Staatsangehörigkeit beantragen solle. „Ich werde es versuchen. Aber erst mache ich mein Abi", sagte ich. Nach dem Abitur musste ich als Soldatin zum israelischen Militär. Zwei Jahre konnte ich nun nicht von Israel weg und hatte Zeit, mir alles zu überlegen. Ich fing an, nach Familiendokumenten zu suchen. Schließlich sprach ich bei der deutschen Botschaft in Tel Aviv vor. Um die deutsche Staatsbürgerschaft zu erlangen, musste ich meine deutsche Abstammung mit entspre-

Leah Ivry in der Uniform einer israelischen Soldatin.

chenden Dokumenten nachweisen. Zum Beispiel benötigte ich eine Urkunde von der Hochzeit meiner Großeltern aus dem Jahr 1935. Großvater wies mich auf das Buch über „Juden in Mönchengladbach" hin, in dem er, mein Uropa und mein Uronkel Moshe Wallach namentlich aufgeführt sind. Es dauerte zweieinhalb Jahre, bis ich alle Dokumente beisammen hatte. Ich fuhr extra nach Tel Aviv, um den Umschlag mit allen Unterlagen persönlich abzugeben. Dann vergingen noch einmal sieben Monate, bis ich einen Termin für die Botschaft bekam, um die Einbürgerungsurkunde entgegenzunehmen. Ich jubelte. Es hatte geklappt! Welches Gefühl es war, als ich die deutsche Staatsbürgerschaft erhielt? Unglaublich! Mit dieser Urkunde in der Hand ging ich nach Hause und sagte: „Ich kann nicht glauben, dass meine Daten jetzt gedruckt sind!" Ich hatte ein solches

Glücksgefühl! Meine israelische Staatsangehörigkeit konnte ich außerdem behalten. Im Juni 2005 kam ich endgültig nach Deutschland. Als ich mich bei der Hochschule Niederrhein um einen Studienplatz in Wirtschaftswissenschaft bewarb, hieß es dort: „Wir hatten noch keinen Fall wie Ihren: ein Ausländer aus Israel mit deutscher Staatsangehörigkeit, der hier studieren will." Die Leute waren aber sehr nett und halfen mir. Mein Abitur sei anerkannt, nun müsse ich noch ein dreimonatiges Praktikum absolvieren als Voraussetzung für das Studium. Mein Großvater sprach deswegen mit ein paar Leuten in einer Bank. Ich hatte immer einen Traum, noch heute: Ich möchte in einer Bank arbeiten. Aber ich hatte dabei immer an Israel gedacht. Und nun komme ich nach Deutschland und nach einer Woche arbeitete ich schon in einer Bank!

Als ich klein war und noch bei meiner Familie in Israel lebte, hörte ich nichts darüber, was Juden in Deutschland geschehen ist. In meiner Familie wurde erst später über dieses Thema gesprochen. Aber in der Schule, wo ich auch Geschichte hatte, erfuhr ich doch davon. Ich wollte trotzdem nach Deutschland. Ich sage mir immer: Wenn mein Großvater wieder hier wohnt, wenn er zurückkommen konnte, wie kann ich dann ein Problem damit haben? Er und seine Familie lebten hier schon vor 1933, bevor sie nach Israel auswanderten. Manche meiner Freunde in Israel fragten während meiner Vorbereitungen für den Umzug nach Deutschland, warum ich das machte. Der wichtigste Grund für mich, nach Deutschland zu gehen, war für mich mein Opa. Er ist für mich meine ganze Familie in einer Person. Opa ist mit 97 Jahren schon sehr alt und ich habe das Gefühl, ich sollte in seiner Nähe sein. Ich denke immer: „Herr, gib' ihm noch einen Tag!" Als ich nach Mönchengladbach kam, waren die Menschen sehr nett zu mir. Ich hatte damals und habe bis heute hier kein Problem, mit den Leuten umzugehen. Man hört, ich spreche Deutsch mit Akzent, man weiß sofort, es ist nicht meine Sprache. Aber ich habe keine Angst, auf die Straße und unter Menschen zu gehen. Jetzt ist das Leben hier natürlich viel einfacher für mich, weil ich die Sprache schon ganz gut spreche. Als ich noch in Israel lebte, unterhielten mein Großvater und ich uns am Telefon auf Hebräisch. Aber er lehrte mich immer ein paar deutsche Worte, heute sprechen wir nur noch Deutsch miteinander. Ich kenne hier inzwischen schon viele Leute. Mein Großvater kann gar nicht verstehen, wieso ich nach so kurzer Zeit schon so viele Freunde in Deutschland habe. Ich möchte sie alle besuchen, aber ich habe noch nicht im Kopf, dass hier manche Städte so weit auseinander liegen. Zum Beispiel Mönchengladbach und Frankfurt oder Berlin. Israel ist so klein! Ab und zu werde ich von anderen Studenten gefragt, woher ich komme. Dann erzähle ich auch, dass ich Jüdin bin. Manche jungen Leute sind begeistert und sagen: „Cool, du kommst aus Israel." Sie möchten dann mehr darüber wissen, stellen viele Fragen, auch nach meinem Glauben. Deutsche Studenten sind manchmal überrascht: „Warum bist du nach Deutschland gekommen?", fragen sie. Es gefällt mir, wenn die Leute über Juden etwas hören möchten oder über Israel reden wollen. In meiner Freizeit bringe ich meinen Freunden Hebräisch bei. Das macht mir Freude. Verglichen mit Hebräisch ist Deutsch eine schwierige Sprache. Manchmal habe ich Heimweh nach meinen Freunden und der Sonne in Israel. Bis ich hierher kam, hatte ich erst ein oder zweimal in meinem Leben Schnee gesehen. Und dann gab es in meinem ersten Winter 2005/06 in Mönchengladbach gleich so viel davon.

Leah Ivry
Studentin, Jahrgang 1983

Vieles hat man ja schon geschrieben über die Zeit der Leiden unserer jüdischen Mitbürger. Sollte man hier nun eine weitere Geschichte – diesmal über meine eigene Familie – hinzufügen? Als ich mich dazu entschloss, ging es mir um die Möglichkeit des Gedenkens an meine ermordeten Angehörigen. Nichts hatte bis zum 27. Januar 2006 an die Existenz dieser Familienmitglieder, an ihr schmachvolles Ende erinnert. Es war, als hätten sie einfach nicht gelebt. Erst mit dem Antrag auf Verlegung der Stolpersteine habe ich angefangen, öffentlich zu dieser Thematik zu sprechen. Warum erst jetzt? Ich wollte zum Beispiel nicht erneut verletzt werden. Es galt auch, die eigene Familie zu schützen. Vielleicht umschreibt man die Gründe für mein bisheriges Schweigen am besten mit dem Wort Angst. Wenn diese plakativen Aussprüche über Juden kamen, war es für mich schwer, nicht zu erzählen, dass ich eine jüdische Mutter habe. Ich fragte dann manchmal denjenigen, der über Juden schimpfte: „Kennst du denn einen Juden in deiner Umgebung und hast mit ihm Kontakt, dass du so reden kannst?" Hierzu gibt es in der Regel nur Schulterzucken. Oder wenn es heißt: „Bei uns hat es überhaupt keine Juden gegeben!" Dann sage ich: „Erkundige dich doch erst mal!" Meine Schwiegereltern haben auch nichts von dieser Familiengeschichte gewusst. Ich besprach mit meiner damaligen Frau – sie starb im Jahr 2000 – seinerzeit: „Was hältst du davon, wenn wir deinen Eltern sagen, dass meine Mutter Jüdin ist? Und sie meinte: „Sag' mal lieber nichts."

Am 12. Mai 2005 richteten meine Frau und ich den Antrag auf die Verlegung von Stolpersteinen für meine umgekommenen Angehörigen an Herrn Oberbürgermeister Norbert Bude. Wir wurden zu einem persönlichen Gespräch eingeladen und rannten offene Türen ein. Herr Bude sagte uns seine volle Unterstützung für dieses Anliegen zu. Der Künstler Gunter Demnig aus Köln verfolgt mit seinem Projekt „Stolpersteine" seit mehr als zwölf Jahren das Ziel, die Erinnerung an die Vertreibung und Vernichtung von Juden, Sinti und Roma, politisch Verfolgten aus Kirchen, Parteien u.a. im deutschen Faschismus lebendig zu erhalten. Vor den jeweils letzten Wohnstätten der Deportierten hat Gunter Demnig Stolpersteine plan in den Bürgersteig eingesetzt. Die Steine sind aus Beton gegossen und tragen an der Oberseite eine 10 x 10 Zentimeter große Messingtafel. Mit dem Hammer werden Schlagbuchstaben eingestanzt. Überschrift: Hier wohnte ..., darunter Name, Geburtsdatum und Schicksal. Eine Finanzierung erfolgt über Patenschaften. Es handelt sich um Gedenksteine. Mitten im Alltag soll an die Opfer erinnert werden. Um Gedenkstätten kann jeder herumgehen, ihnen kann man ausweichen.

Der Künstler Gunter Demnig (rechts) und Oberbürgermeister Norbert Bude bei der Verlegung der ersten Mönchengladbacher Stolpersteine am 27. Januar 2006.
Quelle: Stadt Mönchengladbach

Die Stolpersteine dagegen liegen buchstäblich im Weg. Mehr als 60 Jahre sind seit der Verfolgung vergangen. Die Schatten meiner Angehörigen haben mich in dieser Zeit nie verlassen, obwohl ihre Schreie längst verhallt, ihre Tränen getrocknet sind. Mit der Verlegung der Stolpersteine möchten meine Frau und ich, aber auch meine Geschwister und Angehörigen, den Großeltern und dem Bruder meiner Mutter eine letzte Ehre erweisen, ihnen ein Stück ihrer Würde und einen Namen zurückgeben. Der Oberbürgermeister lud die Nachbarn, aber auch andere interessierte Bürger ein, dabei zu sein. Zusätzlich übernahm er die Patenschaft für zwei weitere Stolpersteine. Am 27. Januar 2006 verlegte der Künstler Gunter Demnig in Anwesenheit des Oberbürgermeisters Norbert Bude und einer großen Zahl von Bürgern diese drei ersten Stolpersteine in Mönchengladbach vor dem Haus Zur Burgmühle 24, wo meine Großeltern und mein Onkel Walter vor ihrer Deportation 1942 zuletzt gelebt hatten. Durch Gerd Hochscherff, Geschichtslehrer am Gymnasium Odenkirchen, wurde gleichzeitig eine Patenschaft für einen weiteren Stolperstein von Schülern des Geschichts- und Englischkurses der Jahrgangsstufe Klasse 13 an den OB übergeben. In einer längeren Ansprache würdigte Herr Bude die tragischen Ereignisse auch in unserer Stadt. Auf der braunen Landkarte, so der OB, sei Mönchengladbach kein weißer Fleck gewesen. Anschließend sprach der Künstler Gunter Demnig über seine Arbeit gegen das Vergessen und seine positiven Erfahrungen, die er dabei immer wieder mit jungen Leuten macht. Nach der Zeremonie legte mein Neffe Marco vier rote Rosen zu den Stolpersteinen – je eine Rose für seine Urgroßeltern Karl und Rosa, eine für den Bruder seiner Großmutter und eine Rose für seine Großmutter Elisabeth, meine Mutter. Die Verlegung der Steine ist für mich ein nachträglicher Liebesdienst. Es wird mir sicherlich helfen, das nicht rückgängig zu Machende anzunehmen. Aus dem Büro des OB habe ich erfahren, dass bis April 2006 Patenschaften für über 130 Stolpersteine angemeldet wurden. Diese Resonanz war nicht zu erwarten.

Wir haben hier einen sehr netten Kreis aus der Coronar-Sportgruppe mit Herren, die teilweise über 80 Jahre alt sind und natürlich im Zweiten Weltkrieg Soldaten waren. Die fielen aus allen Wolken, als sie über meine Familiengeschichte jetzt in der Zeitung lasen. „Also hör' mal, bist du das?" Sie erzählten daraufhin auch ein bisschen ihre eigenen Geschichten und dass sie als junge Leute in der Zeit des Nationalsozialismus begeistert waren. Man kann sich ja heute gar nicht vorstellen, was damals mit der Propaganda in die Köpfe hineingebracht wurde. An die heute Alten wurden alle Klischees und Vorurteile gegenüber Juden und anderen Minderheiten weitergegeben, genau wie z.B. gegenüber den Bolschewisten, die auch als Untermenschen gesehen wurden. Dass sie zu diesem Denken verführt werden konnten, lag wohl an ihrer Jugendlichkeit wie auch am damals verbreiteten Obrigkeitsdenken. Man glaub-

Stolpersteine zum Gedenken an Rosa, Karl und Walter Levy, verlegt am 27. Januar 2006 vor dem Haus Zur Burgmühle 24 in Odenkirchen.

te dem Staat. Wie sollte man das als einfacher Bürger durchschauen und dann auch noch als Staatsfeind dagegen arbeiten? Das Erstaunen darüber, dass ich noch nie davon gesprochen hatte, ist in unserem pfarrlichen Familienkreis in Rheydt-Pongs, wo wir früher wohnten, noch größer. Auch hier wurde natürlich die Frage gestellt: „Warum hast du nichts davon erzählt?" Empfindlichkeiten sind auf beiden Seiten zu spüren, wenn zum Beispiel jemand sagt: „Bei uns haben keine jüdischen Familien gelebt!" oder: „Mein Vater war ‚uk' gestellt, der hat hier nur die Produkte der Rüstungsherstellung kontrolliert." Ich will das alles gar nicht wissen und bewerten. Es geht mir auch nicht um Entschuldigungen der Kinder für das eventuelle Fehlverhalten der Eltern, die diese Zeit vielfach ausgeblendet haben. Es liegt mir fern, Schuld auf andere zu projizieren. Resümee: Meine Altersgruppe kann mit diesem Thema noch nicht so gut umgehen. Ich glaube, unsere Kinder können das schon besser. Meine eigenen Kinder sind heute voll eingebunden und kennen unsere Familiengeschichte. Mein Patenkind, das bei der Verlegung der Stolpersteine die Rosen niedergelegt hat, meinte sogar: „Ich habe jetzt eigentlich meine Identität erst so richtig entdeckt!" Das hat mich sehr berührt.

Hans-Arno Schmitz
Verwaltungsangestellter, Jahrgang 1937

Caroline Alexander um 1970.

Als meine Tochter noch klein war, kam das Gespräch einmal zufällig auf das Thema Judentum. Morgane war vielleicht vier oder fünf Jahre alt. Es gab eine Sendung im Fernsehen, ein jüdisches Fest betreffend. Man erklärte, was das Judentum ist usw. Da fragte sie meine Mama Meta: „Oma, bist du Jüdin?" – „Ja." Dann ihren Opa und mich: „Mama, seid Ihr Juden?" „Ja", antwortete ich. Jetzt kam mein Mann an die Reihe: „Papa, bist du Jude?" Er verneinte. „Och, du Armer!", meinte die Kleine daraufhin. Es war paradox: Während ich das Jüdischsein in meiner Kindheit als sehr problematisch erlebt hatte, war es für meine kleine Tochter in diesem Moment etwas Positives und sie bedauerte ihren Vater sogar, weil er eben nicht Jude war. Wir haben unsere Kinder ohne bestimmte Religionszugehörigkeit erzogen, aber mit dem Bewusstsein, in die jüdische Kultur und Tradition hineingeboren zu sein. Ich persönlich glaube nicht an Religionen, sondern an Menschen und Ideen. Ich denke auch, dass die Menschheit nicht ganz schlecht ist und hoffe, dass sie sich verbessern kann.

Caroline Alexander
Musikkritikerin, Schriftstellerin,
Jahrgang 1936

Sutton Verlag
BÜCHER AUS IHRER REGION

Mönchengladbacher Zeitgeschichte(n)
Erzählte Geschichte
Doris Schilly
ISBN-10: 3-89702-697-X | ISBN-13: 978-3-89702-697-1
12,90 € [D]

Schwalmtal. Bilder erzählen Geschichte
Wanderverein Hehler VN
ISBN-10: 3-89702-671-6 | ISBN-13: 978-3-89702-671-1
17,90 € [D]

Düsseldorf. Eine kurze Stadtgeschichte
Antonia Loick
ISBN-10: 3-89702-424-1 | ISBN-13: 978-3-89702-424-3
9,90 € [D]

Zeitsprünge **Düsseldorf** und seine Ausflugsziele
Peter Berrenberg
ISBN-10: 3-89702-777-1 | ISBN-13: 978-3-89702-777-0
17,90 € [D]

Das andere Glück.
Nachkriegszeit in und um Düsseldorf 1945-1961
Otto Wirtz
ISBN-10: 3-89702-820-4 | ISBN-13: 978-3-89702-820-3
17,90 € [D]

SUTTON VERLAG